これからの
レジャー・レクリエーション

余暇社会に向けて

改訂3版

Leisure Recreation

澤村 博／近藤 克之／加藤 幸真
【編著】

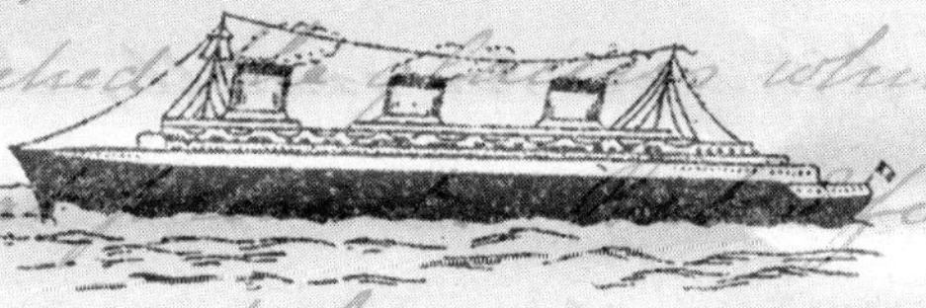

ポラーノ出版

改訂2版 まえがき

　今回の改訂では、レジャー理論とレクリエーション理論を分け、双方関連性のある分野（活動）を列挙し、各々解説することとした。

　レジャーとレクリエーション両者の間には、鮮明に区別する分類方法が確立されているわけではない。この両者の共通点は自由時間に行う活動の総体であるということだけである。

　そこで下記の視点から Part1、Part2 に分類し解説した。

　レジャーは社会学の範疇である。したがってレジャーを社会現象として捉え、非労働時間の過ごし方を問題視し、その過ごし方を中心に取り上げた。

　レクリエーションはコメニウスが教育実践の中でその必要性を提唱した。長時間にわたる勉強は決して教育効果が上がるものではなく、適度な休みをとり、レクリエーションを取り入れることは、さらなる教育効果を生むと主張している。そのため教育的色彩のある活動を中心に取り上げた。

澤村　博

まえがき

　占領下の 1947 年 3 月に、教育基本法・学校教育法が公布（6・3・3・4 制、男女共学を規定）され、事実上、新制大学が発足した。大学では体育理論、体育実技は必修として取り込まれ、当時としては新鮮味のある科目として歓迎された。

　その後、年代とともに多くの大学では体育という名称から距離を置き始め、フィットネス・プロモーション、スポーツ、コンバインドスポーツ、健康、などの術語を使い、大学独自の科目を設定し、大学（体育）教育の一翼を担ってきた。

　今後はすすみゆく超高齢社会を見据え、各々のライフステージを理解し、ライフプランを構築しなければならない。そのためにまず、生涯学習の視点からレジャー・レクリエーションの基本理論とその内容、楽しみ方を学ぶことは意義深いものと思われる。

　今回の改訂では参考となる「ヒント」「資料」「文献」を関連する語句の隣に置き、効率よく学べるようにした。また、「TRY」を要所に配置し、具体的に考えを巡らせることで、さまざまな要因に対する理解を深められるようにも工夫している。余白に積極的にメモを取りながら、これらを大いに活用してほしい。

　本書が、大学テキストとしての利用にとどまらず、自主的な学習を喚起し、健康で豊かな生涯を送るための活動へのヒントになれば幸いである。

澤村　博

改訂2版　まえがき …… 2

Part1　レジャー理論

1章　レジャーとは …………………………… 12
1　レジャー時間 ………………… 12
　古代ギリシャのレジャー時間　12
　中世・近世のレジャー時間　13
　近代のレジャー時間　13
　現代のレジャー時間　14
　近年のレジャー時間　15
　コラム　「怠ける権利」…… 16
2　レジャー活動 …… 16
　戦前のレジャー活動　16
　戦後のレジャー活動　17
　近年のレジャー活動　18
3　レジャー経験 ………………… 19
　A・H・マズローの欲求の階層説と自己実現　19
　フローとは　20
　ヨゼフ・ピーパーの余暇とは　21

2章　休日・休暇とは ………………………………… 23
1　休日・祝日とは ………………… 23
　日本および各国の祝日　24
2　休暇とは ………………… 25
　休暇の定義　25
　休暇の現状　26
　出産・育児と休業制度　27
　介護休業　27

もくじ

3章　健康社会へ向けて……………………………29
　1　わが国の健康状態……………29
　2　WHOの健康の概念……………30
　3　体力……………30
　4　ウェルネス、フィットネス、ヘルスプロモーション……31
　5　ヘルスプロモーションと運動…………31

4章　高齢者と余暇活動………………………………33
　1　高齢者の一般的な見方……………33
　2　高齢者の定義………………34
　3　ライフ・サイクルからみた高齢者……34
　4　高齢者の学習能力………36
　5　高齢者の余暇活動………37
　6　高齢者は余暇活動の主役………………38
　7　長寿社会は余暇社会の入口………39
　8　退職年齢と余暇の下支え……………40

5章　ボランティア活動………………………………41
　1　ボランティアとは………………41
　　　ボランティア活動の特徴　42
　　　専門性のあるボランティア　42
　　　余暇時間とボランティア　44
　2　ボランティアの現状…………44
　　　震災とボランティア　44
　　　国際貢献　44

6章　旅行と観光…………………………………………47
　1　国内観光旅行………………………47
　2　海外旅行………………49
　3　旅券（パスポート）…51
　　　旅行業　51
　4　観光庁…………52

これからのレジャー・レクリエーション

7章　趣味のよろこび ………………………… 54
1　趣味の動向 ………………… 55
2　趣味を楽しむには ………………… 56
お金をかけすぎない　56
他人に迷惑をかけない　56
仲間をつくる　56

8章　テーマパークとは ………………………… 58
1　テーマパークの歴史 ………………… 59
日本の主要なテーマパークとそのテーマ　59
2　余暇市場から見る市場規模 …… 60
3　テーマパーク業界の現況 … 60

9章　公営ギャンブルをたのしむ ………………… 61
1　公営ギャンブルの種類 ………………… 62
2　公営競技 ………………… 62
3　宝くじ（公営くじ） ……… 63
4　スポーツ振興くじ（公営くじ）　64
5　パチンコ・スロット ……… 65
6　ギャンブルを楽しむために …………… 66

10章　レジャー・スポーツ産業 ………………… 67
1　レジャー産業とスポーツの関わりについて ……… 67
2　経済の変化や多様なニーズに対応するために …… 68

11章　レジャー・レクリエーション関連団体 ……… 70
1　レジャー・レクリエーション関連団体について … 70
公益財団法人日本レクリエーション協会／社団法人　日本ウオーキング協会／財団法人　日本ゲートボール連合／NPO法人　日本ティーボール協会／公益社団法人　日本キャンプ協会／財団法人日本健康スポーツ連盟／財団法人　スポーツ安全協会／一般財団法人　休暇村協会／全国福祉レクリエーション・ネットワーク／社団法人　日本ダーツ協会／社団法人　全国子ども会連合会／公益財団法人　日本YMCA同盟／公益財団法人　ボーイスカウト日本連盟

Part2 レクリエーション理論

12章　レクリエーションとは …………………………… 80
　1　戦前の厚生運動（レクリエーション）……… 80
　　　厚生省設立と厚生運動　81
　　　体力局　82
　　　生活局　83
　　　健民局　83
　2　占領下のレクリエーション ……… 84
　　　GHQ の民主化政策　84
　　　GHQ/SCAP のスポーツ、レクリエーション政策　85
　3　協会の成立とレクリエーション大会 …… 86
　　　第 2 回全国レクリエーション大会　88
　　　第 3 回レクリエーション大会　89
　　　第 4 回全国レクリエーション大会　90
　　　第 5 回全国レクリエーション大会　90
　　　占領下日本レクリエーション協会を取り巻く背景　91
　4　レクリエーションの体系化 ……… 92
　5　レクリエーションの特質 ……… 94
　6　レクリエーション活動の種目 ……… 96

13章　プレイ理論とは ……………………………… 99
　1　古典的な遊びの定義 …………………………99
　　　ホイジンガ以前の遊びの捉え方　99
　2　ホイジンガの遊びの定義 … 101
　3　カイヨワによる遊びの定義 ……… 103
　4　カイヨワによる遊びの分類 … 103

14章　教育現場におけるレクリエーション ……… 105
　1　学校とレクリエーション ……………105
　2　レクリエーション教育 ………………106
　3　レクリエーションを行う知識や態度を育む … 106
　4　教育上の効果を期待するレクリエーション … 107

コミュニケーションの促進　107
疲労感の回復や気分の変容　108
体力の向上　108

15章　ハイキング・登山 …………………………………… 110
1　ハイキング、登山の歴史 ……………… 110
2　ハイキング・登山に関する専門組織 … 111
3　現在の登山と課題 ……………111

16章　キャンプの歴史と課題 …………………………… 113
1　海外における組織キャンプの歴史 …… 114
2　日本における組織キャンプの歴史 …… 114
3　キャンプの専門組織 ………… 114
4　キャンプの種類 ……………… 114
5　キャンプにおける今後の課題 … 115

17章　職場とレクリエーション ……………………… 116
1　職場における問題とレクリエーション ………117
2　職場におけるレクリエーションのねらい ………118
レクリエーションを通しての人間関係づくり　118
レクリエーションを通しての健康づくり　119
レクリエーションを行いやすい環境づくり　119
3　職場におけるレクリエーションの今後の課題 …120

18章　自然保護への取り組み ……………………… 121
1　自然保護の世界的な取り組み ………… 121
国立公園　121
世界遺産　122
ジオパーク　122
2　日本国内の環境に関する法律、条約 … 123

19章　日本の国立公園 …………………………… 124
1　国立公園の歴史 ……………………………124
　第2次世界大戦前の国立公園　124
　第2次世界大戦後の国立公園（1945年〜）　125
2　国立公園の現状 ………………… 126
3　地域制公園 ………… 126

20章　アメリカの国立公園 ……………………… 128
1　国立公園の歴史 …………………… 128
2　国立公園の管理組織 ………………… 129
3　国立公園の管理者 ………………… 131
4　営造物公園 ………………… 132
　コラム　「アメリカの国立公園の父」…… 133

21章　野外教育 ……………………………… 134
1　野外教育とは ……………………………… 134
2　初期の野外教育 ………………… 135
3　野外活動の種目 ……… 135
4　プログラム開発の過程 … 136
5　野外教育のプログラム開発 ……137

22章　障がい者への対応と共存 …………………… 139
1　差別や偏見に係る施策と支援の現状 … 139
2　障がい者とさまざまな身体活動 ……… 141
3　障がい者とその援助者の援助について … 142

23章　青少年の非行問題 ……………………… 144
1　少年非行等の現況と諸形態 ……………………144
2　初犯と再犯の傾向 ………………… 145
3　非行の動機と時間・場所の関係 … 146
4　青少年の非行を減らす環境整備について … 147

24章　コミュニティと担当組織 …………………… 148
   1　日本国内（全国）……………………………149
      レクリエーション行政　149
      日本レクリエーション協会　149
   2　都道府県 ……………………………………149
      各都道府県の取り組み、都道府県レクリエーション協会　149
   3　市区町村 …………… 150
      市区役所、町村役場、市区町村レクリエーション協会　150
   4　町内会 ………… 150
      夏祭りなど年間行事　150

25章　リーダーの資質と養成 …………………… 151
   1　実践の知から学ぶリーダーシップ …… 151
   2　リーダーに求められるリーダーシップの姿勢 … 153
   （1）責任感と決断力　153
   （2）具体的な目標設定や成果の基準と優先順位の設定　153
   （3）人への敬意　153
   3　良好な集団・組織の形成に向けて …………… 154

   著者紹介……………159

Part 1
レジャー理論

これからのレジャー・レクリエーション

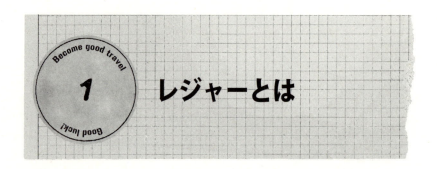

1 レジャーとは

　レジャー（Leisure）はラテン語のリセーレ（Licere）に由来する。リセーレには「自由になる」「許容される」の意味があり、後に英語のライセンス（License）へと派生した（英語、スペイン語、フランス語などはラテン語が起源とされる）。レジャーは日本語では「余暇」と訳され、類語に、閑暇、休閑、暇、暇、隙がある。

　C・K・ブライトビル（1929-1966）は1日を「必需時間」、「労働時間」、「レジャー時間」に分けた。この方法はレジャー・レクリエーションを説明するにあたり、今日まで頻繁に用いられている。

C.K.Brightbill, *Challenge of Leisure*, Prentice-Hall, 1960

　本章ではレジャー・レクリエーションの理解に向け、レジャー時間（Leisure time）、レジャー活動（Leisure activities）、レジャー経験（Leisure experience）の3つに焦点を当てる。なおこれらは、時代によって捉え方が異なるので、歴史的、時間的幅を持たせながらみていきたい。

自由時間が増加していく中で、限りある生活時間を効果的に使うことはわたしたちの根源的問題であろう。
【参照】余暇開発センター編『時間とは　幸せとは』通商産業調査会（1999）

1 レジャー時間

　レジャー時間の増減は労働時間の増減と密接に関係している。労働時間が減ればレジャー時間が増え、その逆もある。つまり両者には負の相関がある。以下、労働時間の推移をみながら、レジャー時間のあり方に迫る。

有閑階級（レジャークラス）とは生産的労働から免除された人々である。彼らは名声を伴う職業（戦士、政治家、宗教家）に従事し、かつ豊かな生活への社会システムを作り上げる社会的思考でもある。
ソースティン・ヴェブレン『有閑階級の理論』筑摩書房（2007）、ヴェルナー・ゾンバルト『恋愛と贅沢と資本主義』講談社（2010）を読んでみよう。

古代ギリシャのレジャー時間

　都市国家アテネの自由市民は、政治を語り、詩を詠み、音楽を奏で、生活を楽しんでいたと言われる。この意味で彼らはレジャー・クラスであったといえよう。

　当時の生産性は現在と比較にならないほど低かった。このアテネ市民を支えたのは、多くの奴隷の存在であり、1人の市民を支えるのに数名から数十名の奴隷がいたと言われる。アリストテレス（BC384-322）は、「命ある道

PART 1　レジャー理論
CHAPTER1　レジャーとは

具と命のない道具がある」として奴隷制度を容認する言葉を残している。

アリストテレス『政治学』岩波書店（1961）

中世・近世のレジャー時間

　日本とアメリカの1日の労働時間を比較すると、その差はほとんどなかったとみてよい。両国の農民の労働時間（アメリカでは南北戦争：1860-1865年頃まで、日本では明治維新：1867年頃まで）は、おおよそ日の出から日没までであった（A・トフラーの著書『第三の波』でも、「1日の労働時間は12時間前後」という記述がみられる）。

　当時のアメリカでは日曜日を安息日として教会へ通い、仕事を休んだ。一方、日本にはまだ曜日という制度がなく、その代わり日本文化に根付いた社寺の年中行事が社会の中に浸透していた。例えば、正月、初午、節句、盆祭り、豊穣を祈願した祭等々があり、この日は仕事を休んでいた。

TRY!
A・トフラーの考えは文明史的視点からわたしたちの社会を捉えている。彼の考えを調べてみよう。
【資料】A・トフラー『第三の波』日本放送出版協会（1981）

近代のレジャー時間

　近代日本は明治維新から太平洋戦争までとされる。鎖国から国を開き、明治に入った日本は近代化を急ぎ、産業構造、社会構造を大きく転換させた。この段階に至るまで、アメリカに遅れること50～60年であった。

近世、近代のイギリス市民の余暇生活については、川北稔編『「非労働時間」の生活史──英国風ライフスタイルの誕生』リブロポート（1992）に詳しい。

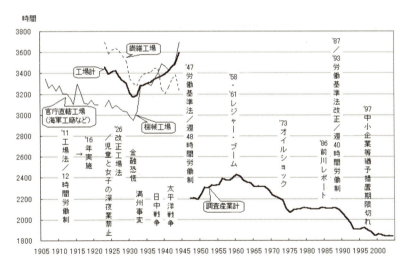

【図1】労働時間の長期推移（日本）
「労働時間の長期推移」社会実情データ図録
（http://www2.ttcn.ne.jp/honkawa　参照日：2013年1月）

これからのレジャー・レクリエーション

したがって、日本の産業革命は日露戦争（1904-1905）前後と言える。官営の八幡製鉄所が操業を開始し、三井、三菱、住友、安田の四大財閥支配が進行し始めたこの時期は、資本主義の発展にともない低賃金、長時間労働など労働環境の劣悪さが大きな社会問題となった。日本の産業革命の歪みについては山本茂実のノンフィクション小説、『ああ野麦峠──ある製糸工女哀史』に当時の悲惨な状況が記されている。彼女達の労働時間は年間3600時間をはるかに超え（**図1**）、1日当り13時間から14時間に達していた。繁忙期に至っては午前5時から午後10時まで働き続け、病気になっても休むことができなかった。

1927年の震災手形処理問題からはじまる金融恐慌、さらには1929年にアメリカから始まった世界恐慌の煽りを受け、日本でも多くの工場が閉鎖された。これらの影響で機械工場の労働者の労働時間は、年間3000時間を下回ったことが**図1**から読み取れる。

その後、満州事変（1931）を契機に工場労働者の労働時間は再び上昇の一途を辿り、太平洋戦争に突入する頃には3600時間に迫った。

奥村宏『世界金融恐慌』七つ森書館（2008）

現代のレジャー時間

日本の現代史は米国による占領政策から始まる。GHQ/SCAP（連合国総司令部）は民主主義への大改革を指令した。レジャーに関する事項としては、1948年4月28日の夏時間法の公布（サマータイム制導入）がある。これはその年の5月第1土曜日から9月第2土曜日の間、時刻を1時間進め、平常より早く仕事を始め、早く終えるようにした制度である。日が高いうちに仕事を終え自宅に戻ることができることから、家族と共に過ごす時間に配慮した制度であった。しかし国民の不評を買い（眠気に悩まされるなど、生活のリズムが合わず）、サンフランシスコ講和条約締結の翌年、1952年4月11日に夏時間法は廃止となってしまった。

近年では日照時間を利用したレジャー活動の充実、昼の明るい時間を有効に使うことによる照明など石油消費の節約、さらにはアウトドア、レジャー活動による経済効果の高さから、2009年9月9日に鳩山内閣と韓国政府による日韓首脳会談上で、サマータイムの日韓同時導入を韓国側が提案する方向で検討が進められていた（しかし以後、法案の審議はされなかった）。

1951年の日米講和条約締結により、事実上日本は独立国として国際的に認められた。苦しい敗戦から立ち直るため工場をフル稼働させ、経済復興へと力を注いだ。1955年にGNP（国民総生産）は戦前の水準を超えた。1956年には経済企画庁が「日本はもはや戦後ではない」と経済白書に綴った。

PART 1　レジャー理論
CHAPTER1　レジャーとは

この年から「神武景気」が始まり、1957年の中頃まで続いた。1951年以降増加していた労働時間は、この頃には2400時間まで達し、さらに1960年には2400時間を超えた（図1）。

近年のレジャー時間

2008年までの10年間、労働時間は1800時間前半を推移してきた。その後2009年から2015年にかけては1700時間後半を推移している。それ以前と比べると年間総実労働時間は減少しているように見えるが、事実は異なる。この10年でパートタイマーの労働者の割合が上昇し（2005年12.9%→2015年35.2%）、平均労働時間の減少につながっているからである（図2）。実際、正社員だけの総実労働時間は2000時間前後であることから、正社員の労働時間は大幅に下がっているとは言えない。このことから労働時間の二極化が進行していることが分かる。

TRY!
レジャーは「楽しい」、労働は「苦痛」ということにどう向き合えばよいだろうか、考えよう。
【資料】大須賀哲夫・下山房雄『労働時間短縮──その構造と理論』御茶ノ水書房（1998）

TRY!
わたしたちの平日、週末、年齢別、性別の時間の使われ方を調べてみよう。
【資料】NHK放送文化研究所編『データブック国民生活時間調査』NHK出版（2011）

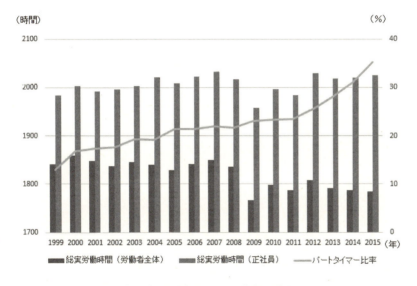

【図2】労働時間をめぐる指標の動き
（厚生労働省「毎月勤労統計調査」より著者作成）

Column

「怠ける権利」

「怠け者」の思想はレクリエーション、プレー、つまり遊戯の原点である。フランスのポール・ラファルグは、「真剣に怠ける権利」を主張した人物として有名である。彼は『怠ける権利[1]』を著した。

ラファルグは社会主義者・共産主義者であった。彼は著作の中でフランス革命、特に2月革命の労働者の思想行動を強く批判した。「労働者がこの革命で勝ち得たのは『働く権利』である。労働者たちは結果的に働く権利を得たといって大いに誇らしげになっているが、思想的にみれば、それは資本家階級と全く同じもので、労働者の立場を確立したものではないのである」と。

彼は、働く権利を得たこととは働かされる、つまり労働者が結果的に苦しむ権利を得たということだと主張した。本来、労働者が求めるべき権利は怠ける権利であるとラファルグは言う。そのため彼は1日3時間労働を主張している。それ以上働くことは資本家の富を増すだけだからである。

なお娘婿であるラファルグのこの主張を、カール・マルクスは生涯無視し続けた。この怠惰理論を認めると、共産主義国家建設が成り立たないことを分かっていたからであろう。

[1] ポール・ラファルグ／田渕晋也訳『怠ける権利』人文書院（1974）

2 レジャー活動

レジャー活動はレクリエーション活動ほど明確な目的意識はなく、社会現象として捉えられている。自由時間の増加により、その時間に気晴らしとしてさまざまな活動に参加していくことと理解されている。活動内容はその時代的背景、文化的背景によって多岐にわたる。ここでは戦前を娯楽（当時レジャー活動の語はあまり使われていない）として、戦後はレジャー活動の流れを追っていく。

戦前のレジャー活動

TRY!
明治以前、奈良、平安時代から近代までの「遊び」を調べてみよう。
【資料】酒井欣『日本遊戯史』弘文堂（1942）

「娯楽」という語は、一般的に「遊び」、「楽しみ」の意味を持つ言葉である。英語で「Amusement」という。この言葉の語源は「muse」で、「ぼんやり」「考え込む」「思いにふける」「夢中になる」である。本来の意味は「みせものをみて楽しむ」であった。

明治、大正、昭和、そして戦後の高度経済成長期まで一般的によく使われていた、「娯楽映画」、「娯楽雑誌」、「大衆娯楽」といった言葉は、今日ではほとんど耳にしなくなった。「娯楽」は「道楽」「暇つぶし」「遊び三昧」を連想させ、以前は人間のネガティブな面を表して放蕩無頼にも結びついてい

た。当時は「勤勉は善」「遊びは悪」という価値観が支配的であった。一方「健全娯楽」という言葉があるように、娯楽活動を楽しみ、明日への労働、勉学に一層の励みになるのであれば、生産的活動とみなされ歓迎されもした。

権田保之助（1887-1951）は娯楽に関する数多くの論文を大正から昭和初期にかけ、精力的に執筆した人物である。彼は娯楽の種類として、欧米から紹介されたスポーツや楽器演奏のほかに、日本の伝統芸能も取り上げている（表1）。

TRY!
余暇研究の草分けと言われる権田保之助とはどのような人物であったのか、調べてみよう。
【資料】権田保之助『権田保之助著作集 Vol.1-4』文和書房（1972）

【表1】娯楽の種類

1	映画、演劇、能、寄席
2	和洋音楽、謡曲、舞踊、ダンス、レコード、ラジオ、ピアノ、ヴァイオリン、マンドリン、ギター、尺八、琵琶
3	囲碁、将棋、連珠（五目並べ）麻雀、トランプ、歌留多、撞球（ビリヤード）
4	散歩、旅行、登山、ハイキング、自動車、乗馬、ドライブ、ヨット、モーターボート、スポーツ、ゴルフ、スキー、水泳、相撲、弓、魚釣
5	文学、芸術、詩歌、俳句、読書
6	写真、絵画、彫刻手芸、機械工作
7	植物昆虫の採集、猟書（ブックハンティング）、切手その他の蒐集
8	園芸、養育養禽
9	生花、茶道、書道、刀剣研究、詩吟
10	学術研究
11	談話
12	食道楽、等々

一方文部省社会教育局は、1931年から1934年にかけて全国規模の娯楽調査を実施した。この中で道府県ごとの娯楽の参加状態を報告するとともに、娯楽として映画をはじめ演劇、芝居、盆踊りなども取り上げている。

文部省社会教育局編『民衆娯楽調査資料一輯～十輯』(1931-1934)

戦後のレジャー活動

1945年に日本は敗戦を迎え、占領下でGHQ/SCAPの指導のもと民主化政策が次々と打ち出されたのは先述のとおりである。1945年10月には、CIE（民間情報教育局）により武道の廃止が行われた。特に剣道、柔道は軍国主義の手段として忌み嫌われた。

TRY!
なぜ武道はGHQ/SCAPに忌み嫌われたのか考えてみよう
【資料】山本礼子『米国対日占領政策と武道教育—大日本武徳会の興亡』日本図書センター（2003）

1955年を過ぎると、前述のとおり、日本経済は目覚ましい勢いで成長した。1964年の東京オリンピック開催が決まると、新幹線、高速道路などの建設ラッシュが起こり、日本中がオリンピック景気に沸いた。この時代のレジャー活動を1964年の『国民生活白書』からみてみると、テレビを見る、ラジオ

内閣府編『国民生活白書』(1964)

これからのレジャー・レクリエーション

戦後のレジャー活動と、特に高度経済成長期のレジャー活動に注目してみよう。
【資料】石川弘義『余暇の戦後史』東京書籍（1979）

を聞く、休息、世間話・雑談、新聞を読む、読書、自分の勉強、書き物をする、スポーツを観る、スポーツをする、映画・劇・音楽などの鑑賞、音楽・劇・踊りなどを自分でする、競馬・競輪、パチンコ、碁・将棋・マージャン・トランプ・花札、写真、絵・書道、動・植物の世話、日曜大工、つり、旅行・ハイク・ドライブなど、コレクション、お茶・お花、手芸・編物・裁縫、料理研究、外での飲食、家での晩酌、団体の仕事・社会的活動、デパートでの買い物、などが挙げられている。ここに紹介した活動は当時の主要なレジャー活動とみなされる。

また、夫も妻もレジャー活動として「テレビを観る」が1位、「新聞を読む」が2位で、夫の3位は「休息」、妻の3位は「手芸・編物・裁縫」である。ちなみに妻の4位が「休息」である。

国民生活白書から見えてくることは、当時の日本人の三大レジャー活動は、「休息」＝ごろ寝、「新聞を読む」＝新聞・雑誌、「観る」＝テレビ視聴であり、当時の労働者（夫）は、テレビの前でごろ寝をしながら（巨人の王選手、長嶋選手の）プロ野球観戦をしていた、といった姿が想像できる。

近年のレジャー活動

今日のレジャーに対しての考え方は個人に立脚し、参加の実態、参加の希望という視点から活動の実態を調査している。レジャーは個人の自由時間のことであり、その中で何をするのか、中身を決めるのは個人である。仕事の捉え方、考え方と同様に、余暇時間の活用の仕方、また活用しない場合も含めて、人間の活動の仕方にはそれぞれの人生観が見えてくる。『レジャー白書（2011）』では、日本人のレジャー活動をマクロな視点から年次ごとにまとめているが、その中で労働時間、収入、余暇時間、余暇支出を「変数」として捉えている。具体的には「スポーツ」「趣味・創作」「娯楽」「観光・行楽」の4つのカテゴリーに分け、91種目のレジャー活動への参加実態を調査している。

『レジャー白書（2011）』にみるレジャー活動の参加上位20位は、外食（日常的なものは除く）、国内観光旅行、ドライブ、カラオケ、ビデオ鑑賞、宝くじ、パソコン、映画、音楽鑑賞、動物園（含む植物園、水族館、博物館）、園芸（庭いじり）、バー（スナック、パブ、飲み屋）、ボウリング、遊園地、体操、ピクニック（含むハイキング、野外散歩）、ボードゲーム・カードゲーム、テレビゲーム、ジョギング・マラソン、音楽会・コンサートである。これらの余暇活動からは産業界が国民の自由時間に注目していることが理解できる。レジャー白書は、労働時間、必需時間以外の自由時間における活動に

照準を合わせ、その時間に使われる国民の動向調査をしており、それは余暇消費動向調査であることが分かる。

3　レジャー経験

　レジャー経験とはさまざまな活動に参加している時、あるいはその直後に感じる、「楽しい」「おもしろい」「愉快だ」「充実した」「満足した」などの快体験を指す。このような快経験は、なぜその実行者にもたらされるのであろうか。それは、その活動に参加する人、実行者自身が、任意で選択した好みの活動であるからに他ならない。

　では、任意で選択した活動に参加すれば必ず快体験がもたらされるかと言うと、そうとは限らない。身近な例としてゴルフの場合を考えてみよう。A氏とB氏はゴルフ愛好家である。あるときプレー中に突然、雨にみまわれた。A氏は「このままでは濡れる……終わりにしよう」とプレーを止めた。一方、B氏は「これ位の雨なら大丈夫」とプレーを続け、「今日はパットが冴えた。最高だ！」と話しながらゲームを終えた。人間は内的、または外的条件によって行動を支配されるものなのである。B氏のような活動を通して得られた快体験を、レジャー経験（Leisure Experience）と言う。

　レジャー経験に関する書籍、論文は多々あるが、本章ではJ・ピーパー、A・H・マズロー、チクセントミハイを取り上げ、レジャー経験について概説したい。

A・H・マズローの欲求の階層説と自己実現

　マズローが提唱した「欲求の階層説」は、体育教育学、心理学などの分野でよく知られた理論である。

　マズローは人間の欲求を大きく5つの段階に分けている。まず何もなくなってしまった状況を想像してみよう。人は食糧、水、さらに睡眠・排尿・排便などさまざまな「生理的欲求」にたちまち支配されてしまう。これがある程度満たされると次に、暴動、災害、病気からの回避を求める「安全への欲求」が出現する。マズローはこの2つを「基本的欲求」としている。

　「安全への欲求」が満たされると、家族、親子、友人から愛されたい、愛したいという「愛情への欲求」が芽生えてくる。さらにこれが満たされると他者からの称賛、尊敬を求める「承認への欲求」が沸き起こる。そして階層説の最終的段階として「自己実現への欲求」に至る。マズローはこれらの欲求を連続したものとしてとらえている。低次の欲求は高次の欲求より優位で

TRY！
レジャー経験と生きがいは相通じるものがあるか考えてみよう。
【資料】神谷美恵子『生きがいについて』みすず書房（2004）

欲求の階層説、至高体験について理解を深化させよう。
【資料】A・H・マズロー『人間性の心理学（改訂新版）』産業能率大学出版部（2011）

上田吉一はマズロー研究の第一人者。読者は学習の中で自己実現を体験してほしい。
【資料】上田吉一『自己実現の教育』黎明書房（1977）は、A・H・マズローのモデルをもとに教育学にアプローチを試みた書。

支配的であり、低次の欲求が満たされなければ決して高次の欲求は出現しない、そして人間は低次の欲求が満たされてから、倫理的、道徳的、精神的に高い段階の欲求へ発展していく、とした。

　これら5つの欲求の全てを満たした「自己実現」を果たした人間は、次の15の特徴が観察されるという。

①現実をより有効に知覚し、より快適な関係を保つ
②自己、他者、自然に関する受容
③自発性、単純さ、自然さ
④課題中心的
⑤プライバシーの欲求からの超越
⑥文化と環境からの独立、能動的人間、自立性
⑦認識が絶えず新鮮である
⑧至高なものに触れる神秘的体験がある
⑨共同社会感情
⑩対人関係において心が広くて深い
⑪民主主義的な性格構造
⑫手段と目的、善悪の判断の区別
⑬哲学的で、悪意のないユーモアセンス
⑭創造性
⑮文化に組み込まれることに対する抵抗、文化の超越

フローとは

　チクセントミハイの「フロー研究」は「人間がどのような時に幸福か」という問題提起から始まった。満足感、達成感を感じるのは何をしている時かというのである。これを調べるためチクセントミハイは被験者にポケベル(無線呼出し機)を持たせ、その時に何をしていたかを詳細に記述させた。

　その結果、幸福感を感じる瞬間は外的な出来事ではなく、内的な出来事によって起こり易い、心的行動にあることが分かった。その状態は当事者にとっては極めて価値あるもので、それを実行することによって悩み、雑念は消滅していたのである。チクセントミハイはその心の状態を「フロー」と呼んだ。

　スポーツ選手はこの状態を「ゾーンにはまった」と表現し、『弓と禅』を著したオイゲン・ヘリゲルは「無心」と書いている。時間が停止しているように感じるとも言われる。英語でBeing at one with a thing(物と一体化する)は、フロー状態を表す慣用句としてよく知られている。

S・A・ジャクソン／M・チクセントミハイ『スポーツを楽しむ・フロー理論からのアプローチ』世界思想社 (2005)

PART 1　レジャー理論
CHAPTER1　レジャーとは

　チクセントミハイはフロー状態に入るために必要な心理的基本要素を9つ挙げ、この内の一つ、もしくはいくつかの状態が重なったときにフロー体験をすると説明している。

①挑戦と技能のバランス
②行為と認識の融合
③明確な目標
④明瞭なフィードバック
⑤目前の課題への集中
⑥コントロール感
⑦自我意識の喪失
⑧時間感覚の変化
⑨オートテリックな体験

TRY!
フローとスポーツの関係を考えてみよう。
【資料】今井浩明・浅川希洋志編『フロー理論の展開』世界思想社（2003）

ヨゼフ・ピーパーの余暇とは

　われわれ日本人は、余暇と労働を対比概念として捉えてきた。余暇は労働の後にくる「暇」「閑暇」「休閑」「隙」「自由時間」とされ、その使い方まで言及している。社会的通念として労働は「善」、生産性に連動しない余暇は「悪」である、という考え方が戦前、戦後、近年まで支配的であった。

　ヨゼフ・ピーパーの余暇観では、余暇は精神の状態（state of mind）であるとされる。労働後、1時間、1週間、あるいはもっと長く年月が続こうと、それは労働の延長線上にあり、余暇ではない。労働の回復、労働に備えるための休息、すなわちそれは余暇ではないと結論づける。

J・ピーパー『余暇と祝祭』講談社（1988）

　「楽あれば苦あり」という格言があり、その逆もある。つまり余暇は労働のためにあるのではないのである。ピーパーは決して労働を否定してはいない。彼が真に否定しているのは怠惰である。怠惰は何事にも関心を示さず、何もしていないこと、何もすることがないのでとどのつまり労働をする——これは怠惰に通じる。

　余暇は、精神の状態——休息的コンテンプラチオ（観想）である。休息する者の内的、礼拝的、祝祭的性格こそが余暇の根源である。

　メディテーション（Meditation：黙想）もコンテンプラチオに通じるものと考えられる。メディテーションについてD・T・スズキもオイゲンヘリゲルも論じているが、たとえ宗教的に異なっていても、両者は精神の状態とみた場合に同様の感想、直感に至っていて大変興味深い。

TRY!
ヨゼフ・ピーパーは労働のための休息は余暇ではないと言っている。それはなぜだろうか。考えてみよう。

TRY!
禅は華道、武道など日本文化に影響を与えた。オイゲン・ヘリゲルの『弓と禅』と併せて読み、関係を明らかにしよう。
【資料】オイゲル・ヘリゲル『弓と禅』福村出版（1981）
D・T・スズキ『禅』福村出版（1981）

Leisure and Recreation

以上、レジャーに内包されている時間概念、活動概念、経験概念について大筋の解説をしてきた。最後に下記に挙げた事項についても考えてみよう。

- レジャーを明らかにするために本章では、レジャー時間、レジャー活動、レジャー経験に分けたが、はたしてこの3つに分けることが最適であろうか、さまざまな視点から考えてみよう。

- レジャー活動・行動は「楽しい」、「愉快」であるが、仕事の場合はどうだろう。「苦痛」、「疲れる」、「退屈」であろうか。それとも充実感、満足感を伴うものだろうか。

- レジャー経験として自己実現、フロー、観想（コンテンプラチオ）などの経験が挙げられているが、これはレジャー活動に参加しているときのみに経験されるのだろうか。

PART 1 レジャー理論
Chapter2 休日・休暇とは

休日・休暇とは

　現代の日本では休日（holiday）と休暇（vacation）を「休み」として一括りにして扱う一方、毎週の休みを休日、比較的長期の休みを休暇と呼び区別して使われていたりもする。このように休日と休暇は曖昧にとらえられているが、両者には労働基準法の定義を用いれば明確な違いがある。このことを踏まえつつ、休日と休暇について説明していく。

1　休日・祝日とは

　休日とは労働義務のない日を指す。よって休日は労働者が日頃の労働から完全に解放された日と言い換えられる。日本における休日は1938年の商店法によって規定された。これが法律上の休日の始まりとなり、休日や閉店時間が決められた。その後1947年に施行された労働基準法によって商店法は廃止となっている。現在、休日に関する法律は労働基準法を改正するという形で時代にあったものに更新されている。

　労働から解放されたという意味では祝日も休日の一部である。祝日の定義は「国民の祝日に関する法律」によると、「自由と平和を求めてやまない日本国民は、美しい風習を育てつつ、よりよき社会、より豊かな生活を築きあげるために、ここに国民こぞって祝い、感謝し、又は記念する日を定め、これを『国民の祝日』と名づける」となっている。祝日は各国の法律において定められるものであり、国家の休日として制定される事が多い。また、世間では「祭日」という言葉も使われているが、1948年に「国民の祝日に関する法律」が制定されたことにより、法律上では「祝祭日・祭日」は「祝日」に統一された。

　このように休日および祝日は国が制定するため、例えば祝日を追加するには「国民の祝日に関する法律」を改正する、といったように法改正の手続きが必要となる。

日本および各国の祝日

休日の中でも祝日は、各国の法律において定められ、国全体で記念となる出来事を祝うことから、国によって日数はさまざまである。例としてここに日本とアメリカ、イギリスの祝日を挙げる。

表1を見ると、アメリカ・イギリスの両国に比べて、日本の祝日が多く設定されていることが分かる。これには有給休暇を取りづらいという日本の風潮から、祝日で労働者の休日を増やすというねらいがある。

アメリカでは、1492年10月12日にクリストファー・コロンブスが北米大陸に上陸した日を祝う「コロンブス・デー」が特徴的である。この日はネバダ州、ハワイ州、カリフォルニア州、テキサス州、フロリダ州、サウスダコタ州を除くほとんどの州が休日となる（一部の州や市では10月第2月曜日を別の名称を付け祝日としている）。このように州ごとに定められている州法が、連邦法よりも優先される場合がある。他にもユタ州で制定されている、7月24日の「開拓者記念日 Pioneer Day」などがある。

【表1】日本とアメリカ、イギリスの祝日（2015年）

日本貿易振興機構「国・地域別情報」（2015）

日本		アメリカ	
1月1日	元日	1月1日	New Years Day
1月第2月曜日	成人の日	1月19日	Martin Luther King, Jr. Day
2月11日	建国記念日	2月16日	Washingtons Day
3月21日*	春分の日	5月25日	Memorial Day
4月29日	昭和の日	7月3日	Independence Day observed
5月3日	憲法記念日	7月4日	Independence Day
5月4日	みどりの日	9月7日	Labor Day
5月5日	こどもの日	10月12日	Columbus Day
7月第3月曜日	海の日	11月11日	Veterans Day
8月11日	山の日	12月25日	Christmas Day
9月第3月曜日	敬老の日	イギリス	
9月23日*	秋分の日	1月1日	New Years Day
10月第2月曜日	体育の日	4月3日	Good Friday
11月3日	文化の日	4月6日	Easter Monday（スコットランド除く）
11月23日	勤労感謝の日	5月4日	Early May Bank Holiday
12月23日	天皇誕生日	5月25日	Spring Bank Holiday
*年によって変動する		8月31日	Summer Bank Holiday（スコットランド除く）
		12月25日	Christmas Day
		12月26日	Boxing Day
		12月28日	Bank Holiday

（日本貿易振興機構HPより著者作成）

イギリスでは、イギリスを構成している地域の1つであるスコットランドが、4月6日の「Easter Monday」と8月31日の「Summer Bank Holiday」を祝日としていないことが特徴的である。アイルランドは独自の祝日として、7月13日を「オレンジ党勝利記念日」と定めている。イギリスも4つの地域で構成されるアメリカ同様の連邦国であるため、各地域独自の祝日が制定されている。

日本の祝日は大きく分けて3つに分類できる。国民の祝日、都道府県の条例で定められた祝日、そして私立学校や企業の創設記念日等である。

国民の祝日は1948年7月20日に施行された「国民の祝日に関する法律」によって定められた。これにより例えば、4月29日は「(昭和)天皇誕生日」となった。1989年(昭和64年)1月7日に今上天皇が即位され、天皇誕生日は今上天皇ご誕生の12月23日に改められた。4月29日は「みどりの日」の名称に変更されたが、2005年の「国民の祝日に関する法律」改正により、2007年以降は「みどりの日」を5月4日に移動し、4月29日を「昭和の日」としている。

次に都道府県の条例で定められた祝日の代表例として、都民の日がある。都民の日は1952年に東京都が「都民の日条例」を制定したことに始まり、同年10月1日から施行した。都民の日には、東京都立及び都内各市区町村の小・中・高等学校は休みとなり、都内にある一部の国立や私立の学校も休校となる。しかし2002年の学校週5日制実施以降、授業時間数を確保するため、休校せず平常通りに授業を行う学校も増えてきている。

最後に、多くの私立学校では創立記念日を休日としている。一方、企業の創立記念日は盛大な記念式典を催したり、休業とするなどさまざまな形をとっている。

TRY!
各国の祝日の由来を調べてみよう。

TRY!
自分の住んでいる都道府県の条例で定められた祝日を調べてみよう。

2 休暇とは

休暇の定義

休暇とは、労働義務はあるがそれが免除された日のことである(育児休業や介護休業のように、「休業」が休暇と同じ意味で使われている例がある。厚生労働省では「休業」を使用しているためここではそのままの表記とする)。

休暇には「法定休暇」と「法定外休暇」の2種類がある。法定休暇には年次有給休暇、生理休暇、育児休業、介護休業などが該当する。法定外休暇は就業規則のように各会社での取り決めによる休暇で、会社有給休暇、慶弔休暇、病気休暇、夏季休暇などがこれに当たる。

休暇に関係のある法律は前述の労働基準法である。この法律は日本国憲法27条第2項を根拠とし、1947年2月に制定された。法律が制定される以前は工場法や鉱業法があったが、いずれも労働者の保護という点から見ると不十分なものであった。

休暇の現状

労働基準法の制定以後、たびたび改定が行われたが、日本は他国に比べ国別平均休暇取得日数が低いままである。（図1）

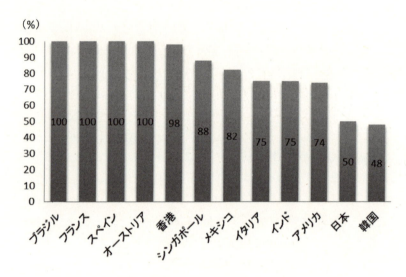

【図1】各国の有給休暇消化率（2014年）
（エクスペディア「世界25ヶ国有給休暇・国際比較調査2014」より著者作成）

日本の有給休暇消化率が他国に比べ低水準であるのは、有給休暇に対する考え方に起因している。日本では「休む＝怠けている」ととらえられ易いのである。海外では有給休暇取得を労働者の権利としているが、日本では「こんな忙しい時期に休みを取るなんていかがなものか」と思われてしまう傾向がある。特に上司にそういった印象を持たれてしまうと、昇進に影響が出ると考え、結果として有給休暇を消化しづらくなってしまう。

厚生労働省はこういった状況を危惧し、2016年4月から社員に年5日の有給休暇を取らせるよう企業に義務付ける方針を固めた。取得時期についても企業は従業員の希望を考慮する責任があり、違反には罰則規定が設けられている。

TRY!
日本の労働者の労働時間はどれくらいなのか調べてみよう。

出産・育児と休業制度

　厚生労働省の資料によると、産前休業は出産予定日の6週間前（双子以上の場合は14週間前）から請求すれば取得できる。産後休業は出産の翌日から8週間である。なお、産後6週間を過ぎた後、本人が請求し医師が認めた場合に限って就業が可能となる。

　出産後の育児のための育児休業は、以前は子どもが1歳になるまでしか取得できなかった（保育所に入所できないなどの一部を除く）。そこで2009年に育児介護休業制度が見直され、両親ともに育児休業を取得する場合は子どもが1歳2カ月になるまで請求できるようになった。

　このように休業制度は充実する傾向にあるが、依然として復職をせずに退職をしてしまうケースは多い。これは日本独自の働き方が関係している。日本では仕事のマニュアル化が徹底されず、手順などが経験に左右される状況がある。そのため一度休暇を取得すると、復職し難い。

　これら産前・産後休業と育児休暇は、日本で深刻化している少子化問題と大きく関わる。休暇を取りづらい職場の雰囲気を変化させ取得を容易にすることで、育児環境が整備されてくる。このような環境が整備されていない中で子どもの数を増やすというのは困難であり、これらの改善こそが子どもを産みやすく、育て易い＝出生率の上昇へとつながるのである。

介護休業

　日本で深刻化しているのが介護問題である。総務省の国勢調査によると、現在1人の高齢者を他の世代が2.6人で支えているが、少子高齢化がこのまま進めば2060年には、1人の高齢者を他の世代が1.2人で支えることになる。こういった状況から、今後は介護休業を使って仕事と介護の両立を図っていく必要性が今以上に増してくる。

　介護休業は厚生労働省によると、「負傷、疾病又は身体上の障害により、2週間以上の期間にわたり常時介護を必要とする状態にある対象家族を介護するためにする休業」であり、対象家族1人につき通算で93日まで取得できる。2009年の法改正により介護の負担を少しでも軽減させるために、介護休業に加えて介護休暇が新たに導入された。介護休暇は介護休業に加えて対象家族1人につき年5日までとし、合計で年10日を上限とする。

　このように政府は休暇制度の充実を図っているが、介護問題は前述の育児休暇のように子が成長して徐々に親の負担が軽減していくというものではない。むしろ加齢によって介護する側の負担が増していく。また、育児休暇に比べ長期で取得する必要がある。今後、休暇制度の充実のみならず、これら

厚生労働省「子育てをしながら働き続けたい　パート社員　派遣社員　契約社員　あなたも取れる！　産休＆育休」（2014）

の休業制度をうまく活用することが望まれる。継続的に介護と仕事が両立できるよう仕事のマニュアル化を図るなど、復職しやすい環境を職場内に作ることが日本社会に求められている。

・日本の祝日の日数は諸外国に比べてどのくらい多いだろうか。各国の祝日を調べてランキングを作ってみよう。
・自分の希望する職種の休暇制度を調べてみよう。

PART 1　レジャー理論
Chapter3　健康社会へ向けて

　健康づくりのポイントは体力の維持・向上であり、これらは人類の生命活動における最大の課題であるといってもよい。現代社会における健康づくりには運動などの身体活動が不可欠で、レジャー・レクリエーション活動においてもこれらの効果が期待されている。
　本章ではレジャー・レクリエーション活動の動機になる、健康・体力について考えていきたい。

1　わが国の健康状態

　第二次大戦後、日本人の死因の上位を占めていた結核や腸炎などの感染症は、医療の発達や栄養の向上、衛生環境の改善などにより激減した。これらの感染症に代わって、がんや脳血管疾患、心臓病などの死因が増加し、現在の日本人の約6割がこれらの病気で亡くなっている。これらの疾患は成人に発病することが多いことから成人病とも呼ばれてきたが、その発生原因は生活習慣によるところが多く、現在では「生活習慣病」と呼ばれている。
　また、現代の健康問題として、専門家の間で「未病」や「半健康人」、「半病人」などと称される、病気ではないけれど疲れが取れない、良く眠れない、頭痛がする、便秘気味であるなど、大多数の人がこの健康でも病気でもない症状を訴える状態にある。
　生活習慣病の予防を目的とし、その大きな原因である生活習慣を改善するための国レベルの取り組みが、21世紀における国民健康づくり運動（通称、健康日本21）である。早期発見、早期治療という二次予防ではなく、疾病の発生を防ぐ一次予防に重点を置き、食生活・栄養、身体活動・運動、休養・心の健康づくり、タバコ、アルコール、歯の健康、糖尿病、循環器病、がんの9つの分野について、具体的な数値目標を設定し、目的達成のため、自己管理能力の向上、専門家等による支援と定期管理、保健所等による情報管

TRY!
がん、脳血管疾患、心臓病の三大疾病の原因となる生活習慣について調べてみよう。

ヒント

未病の由来（日本未病システム学会）。

これからのレジャー・レクリエーション

TRY!
厚生労働省による「健康日本21」の取り組みの結果や国民の健康の現状について調べてみよう。
【資料】21世紀における国民の健康づくり運動（健康日本21）について 報告書 厚生労働省

ヒント
健康寿命（Health expectancy, Healthy life expectancy）：日常的に介護を必要としないで、自立した生活ができる生存期間のこと。平均寿命から介護（自立した生活ができない）を引いた年数。

理と普及啓発の推進を行っている。

2　WHOの健康の概念

「健康」とは、どういう状態を指すのだろうか。WHO：World Health Organization（世界保健機構）では、健康について次のように定義している。

> Health is a state of complete physical, mental and social well-being and not merely the absence of disease or infirmity.
> 健康とは、完全に、身体、精神、及び社会的によい（安寧な）状態であることを意味し、単に病気でないとか、虚弱でないということではない

　要約すると、健康とは病気や虚弱でないというだけではなく、身体の体力値が高く、知的には適切な教育を受け、社会的には豊かな人間関係があり、精神的にも安定している状態であり、精神的健康、社会的健康、身体的健康のバランスが取れている状態であるということ。また、実現はしていないものの、1998年にはこの定義に「spiritual」を加えることが検討された。スピリチュアルは宗教的な概念が含まれており、「前向きに楽しく」「生きがいをもって意欲的に人生を送る」という意味合いがある。

3　体力

ヒント
体力の定義：猪飼道夫『運動生理学入門』杏林書院（1969）
厚生労働省「健康日本21（身体活動・運動）」

　体力（physical fitness）とは、狭義には精神的能力を除いた身体的能力に限定した考え方をされるが、体力の概念規定において一般的には、「人間の生存と活動の基礎をなす、身体的、および精神的能力である」とされている。したがって、身体的要素と精神的要素に区分され、それぞれがさらに走・投・跳に代表される身体的行動力、あるいは行動の基礎となる身体的能力を意味する行動体力と、外からのストレスに対して身体を防衛したり、環境に適応したりする能力を意味する防衛体力に区分される。

　近年では、運動不足に起因する生活習慣病が増大していることから、生活習慣病の予防や治療、QOL（生活の質）の維持・向上に関係する体力要素が着目されている。このような健康の維持増進に関連する体力は「健康関連体力（health-related fitness）」と呼ばれ、その内容は「心肺持久力」、「筋力・筋持久力」、「身体組成」、「柔軟性」の4つの要素で構成されている。

4 ウェルネス、フィットネス、ヘルスプロモーション

　ウェルネス（wellness）とは、1961年、米国のハルバート・L・ダン博士が、WHO憲章の健康の定義をさらに発展的に解釈し提唱した考え方で、「全くの健康で輝くように生き生きしている状態」のことを指す。ウェルネスとは、栄養、運動、休養の調和を図り、健康づくりを行うことがその目的の一つであるが、単に身体の健康づくりばかりではなく、日常の行動様式と生活態度を変容し、自分自身に適したライフスタイルを築くことで、より充実した幸福な人生を送ることを目的としている。

　英語の"fitness"には「適合」のほかに、「健康であること」や「生き生き生活すること」の意味があり、医学書においては「身体の状態」を意味することもある。"physical fitness"は「体力」と訳され、体組織、心肺機能、筋力・筋持久力、柔軟性などの健康に関する体力については"health related physical fitness"と呼ばれる。一般的に「フィットネス」とは、この健康に関する体力を高める"health related physical fitness"を目的としている。

　ヘルスプロモーション（health promotion：健康づくり）とは、WHOが1986年のオタワ憲章において提唱した新しい健康観に基づく21世紀の健康戦略で、「すべての人々があらゆる生活舞台――労働・学習・余暇そして愛の場――で健康を享受することのできる公正な社会の創造」を目標としている。目標実現のための活動方法として、健康な公共政策づくり、健康を支援する環境づくり、地域活動の強化、個人技術の開発、ヘルスサービスの方向転換を挙げ、これらの有機的な連携が具体的な健康づくりに発展するとしている。また、活動の成功のためのプロセスとして、唱道（advocate）、投資（invest）、能力形成（build capacity）、規制と法制定（regulate and legislate）を挙げている。

Halbert L. Dunn (1896-1975)

TRY!
ヘルスプロモーションが生まれた背景について調べてみよう。

5 ヘルスプロモーションと運動

　身体活動の少ない生活は心身の状態を悪化させ、心臓疾患や高血圧、動脈硬化、自律神経不安定症候群などの病気を発症しやすくするが、適度な運動はこれらを防ぎ、心身を良好な状態にすることができる。健康に近づくためのキーポイントは、心肺機能と体脂肪率の改善とされ、ジョギングなどの有酸素運動はフィットネスの重要な要素である。今後のヘルスプロモーションのためのレクリエーション活動にも期待が寄せられている。

TRY!
健康づくり、体力維持増進のための具体的なレジャー・レクリエーション活動を挙げてみよう。

これからのレジャー・レクリエーション

・WHOの健康の概念と「健康寿命」の関係について調べてみよう。また、レジャー・レクリエーションの意義についても考えてみよう。

・運動不足による生活習慣病の具体例を挙げ、その予防と改善にレジャー・レクリエーションがどのように貢献できるか考えてみよう。

高齢者と余暇活動

2014年7月の報道によると、日本人男性の平均寿命が初めて80歳を超え、80.21歳になったという。その結果、前年の世界平均寿命5位から4位に上がった。一方、女性は前年より0.2歳上げて過去最高の86.61歳となり、2年連続世界1位の座を保った。

大半の人々は60歳で定年を迎え、男性は20年、女性は26年間にわたり定年後の人生を過ごすことになる。この間をどのように生きていくかは、大きな課題といえよう。

本章では高齢者についての理解を深めつつ、彼らの余暇活動について解説していきたい。

1 高齢者の一般的な見方

いわゆる高齢者とされる人たちは普段、どのような呼ばれ方をされているだろうか。「年配者」「高齢者」などはまだ容認できても、「じいさん」「ばあさん」「年寄り」「老人」などの呼び方はされたくないとの高齢者は多い。それは「老い」を認めたくないという気持ちからくるもので、社会は彼らの認識を理解していかなければならない。

最近では、差別的な呼び方を改め、(オールドを意味しない) シニア、エルダリー、エイジドなどの用語を使うようになった。高齢者が運転する車には、「紅葉」マーク(1997〜2011年まで採用)のステッカーを貼ることが道路交通法により義務づけられた。しかし、「紅葉」マークは落ち葉をイメージする、暗いイメージがあると敬遠され、シニアの「S」を配置した「四つ葉のクローバー」(2011〜) に変更された。これは受け入れられている。

日本の公共交通機関では高齢者、障がい者、けが人、妊婦などの優先席が設けられている。この席をシルバー席と呼び、それが派生し、「シニア・センター」(地域の高齢者のためのセンター)、「シルバーウィーク」(和製英語

『朝日新聞デジタル版』(2014年7月31日)

「高齢者運転者標識」とは道路交通法に基づく標識の1つ。70歳以上の運転者が運転する普通自動車に表示する。

で秋の休日が多い期間)、「シルバー・人材センター」、「シルバーパス」(70歳以上の都民は都営地下鉄、都民のバスが無料で乗車できる)など、「高齢」＝「シルバー」、「シニア」になっていった。高齢者より少し若い壮年のニュアンスのある「壮齢者」が使われる場合もある。

2 高齢者の定義

　高齢者の定義はあいまいで主観的な部分があり、明確な線引きがされているわけではない。知力も体力も年を重ねるごとに個人差が大きくなる。75歳で東京マラソンを走り切る人がいる一方で、同年で歩行すらままならない人もいる。このように、ロバート・J・ハーヴィガーストの言う壮年期と老年期の区別についての明確な線引きは不可能に近い。多くの人たちは過去の経験に基づいて見かけ上で年齢を判断している。では公的機関では高齢者をどのように規定しているのであろうか、いくつか挙げてみたい。
・「国連」では60歳以上の者。
・「世界保健機関(WHO)」では65歳以上の者。
・「高年齢者等の雇用の安定に関する法律」では55歳以上の者。
・「高齢者の医療の確保に関する法律における規定」では65～74歳までを前期高齢者、75歳以上を後期高齢者と規定。

3 ライフ・サイクルからみた高齢者

　高齢者について論じる場合、高齢者そのものではなく、ライフ・サイクルといった人の一生涯から概観してみることが重要である。
　まずライフ・サイクルの理論というと、エリク・H・エリクソン、ロバート・J・ハーヴィガーストらがよく知られている。この章ではハーヴィガーストの著作『人間の発達課題と教育』を基に解説する。ハーヴィガーストはオハイオ州立大学でドクターを取得し、ウィスコンシン大学などで物理学、化学を教えた。教育問題を研究し、1940年シカゴ大学教育学教授となった。
　ハーヴィガーストの発達課題とは、各々のライフ・ステージ(年代)ごとに課題があり、この課題を解決しなければ次の課題へと進むことはできないとするものである。人間はこのライフ・ステージごとに課題を克服しながら、成長の階段を上っていくものと、説いている。
　ここで、ハーヴィガーストが示した発達課題の全容を見ながら、特に老年期の発達課題について解説したい。

E・H・エリクソン、J・M・エリクソン／村瀬孝雄、遠藤邦夫訳『ライフサイクル、その完結』みすず書房(2001)

ロバート・J・ハーヴィガースト／児玉憲典、飯塚裕子訳『発達課題と教育――生涯発達と人間形成』玉川大学出版(1997)

- 幼児期（0〜6歳）の発達課題：歩行の学習など
- 児童期（7〜12歳）の発達課題：普通の遊戯に必要な身体的技能の学習など
- 青年期（13〜17歳）の発達課題：男性として、また女性としての社会的役割を学ぶなど
- 壮年初期（18〜30歳）の発達課題：配偶者を選ぶことなど
- 中年期（31〜55歳）の発達課題：大人としての市民、社会的責任を達成することなど
- 老年期（60歳〜）の発達課題

  1. 肉体的な力と健康の衰退に適応すること：人間の体の一つ一つの細胞は老化する。50年以上生きてくると老化の過程は顕著で、その半分は心臓循環系統、腎臓、関節などである。老年期の人々はこれに適応しなければならない。

  2. 隠退と収入の減少に適応すること：専門家であろうと熟練者であろうと60〜70歳で大部分の人は退職する。隠退は収入の減少を意味し、経費の削減は交際範囲の縮小へとつながる。今まで所属していたクラブや集会から去らなくてはならない……という環境の適応に迫られる。

  3. 配偶者の死に適応すること：男女が40〜50年以上ともに夫婦として生活した後、一人で生きることは非常に困難なことである。小さな家への転居、養老院、兄弟または姉妹のところへ身を任す、再婚といった選択が迫られる。

  4. 同年代の人々と明るい親密な関係を結ぶ：老人としての社会的地位を承認し、同年齢の人々の間で建設的一員となる。例えばレクリエーションや文化的に基づくものとして、YMCA幹事の協会、ユニバーシティー・アルミナイ・アソシエーション（University Alumni Association）の場合、メンバーが壮年期の頃は10年に1度の会合にもなかなか集まらなかったが、メンバーが老年になって活性化している。

  5. 社会的・市民的義務を引き受けること：プラトンは、人は50歳を過ぎて哲学を学ばなければ、民主政治に適さないと語った。考えの正否は別として、次第に増えつつある老人たちは、市民として政治責任を持つようになっている。もし老人たちがより大きな市民政治勢力となり、賢明に運営していきたいのであれば、この課題の知識を積まねばならない。ますます、成人教育に参加しなければならないであろう。

  6. 肉体的に生活を満足に送れるように準備すること：最も居心地がよく便利のよい住まいを見つけること。老人には過激な労働は困難であり、

「中年期」は55歳までとしてあるが、年を重ねるごとに1人1人の知能、体力差などが大きくなるため、ハーヴィガーストは以後の5年間を明確にしなかった。各年齢区分についても1つの目安と考えればよい。

危険でもあり、また階段を上ったり家での過重な仕事をしたりすることには耐えられない。老人が生活をしていく上で、求めている価値あるものは次のようなものである。①静寂、②隠居、③行動の自由、④親類および友人たちとの親交、⑤自分の文化的グループに留まること、⑥廉価、⑦交通機関・図書館・ショッピングモール・映画館・教会などの諸施設に近いこと。これらの価値は人それぞれ異なっている。大方の老人は既製の住宅設備にあまり不満を感じない限り、それに執着する傾向がある。

ハーヴィガーストは前のライフ・ステージの課題を克服することによって、後のライフ・ステージの発達課題に取り組むことが可能であるとした。つまり現在の課題を解決できればその後の課題解決にも成功する。失敗すればその後の課題解決の達成も困難になる。これを筆者は「生涯にわたって学習し、発達していくことが大切である」と解釈している。各々のライフ・ステージの課題を達成することによって人は成長し、幸福な一生を送ることができる。

4 高齢者の学習能力

人間の知能には流動性知能（fluid intelligence）と結晶性知能（crystellized intelligence）の異なった2つの知能がある（図1）。

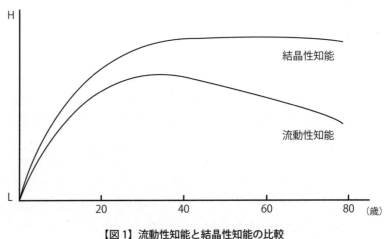

【図1】流動性知能と結晶性知能の比較
（三浦清一郎（1982）より作成）

前者は壮年初期頃にピークを迎え、後者は中年期にピークに達する。両者とも老年期に至っても発達することが認められている。

流動性知能は数学の計算、英単語の暗記、受験テクニック、IQ テスト（知能指数）などに影響が現れる。高齢者でも数学の計算、英語などの外国語のトレーニングを行うことによって、この知能の低下を緩和することができる。一方結晶性知能は、知識、経験知、判断力などこれまで積み重ねてきた知能を指す。結晶性知能が高齢でも衰えないといっても、ただ年を重ねていくだけでは発達どころか低下してしまう。頭を使う仕事だけではなく、趣味、読書、スポーツ、麻雀、ゲームなどに積極的に取り組むことによってこの知能は維持される。

「対話やマージャン　認知症予防に新たな試み」日本経済新聞（2012年9月11日）

5　高齢者の余暇活動

最近の余暇活動参加人口について、2011 年と 2012 年を例に比較しながら説明を加えたい（**表1**）。

【表1】余暇活動の参加人口上位 20 位（2011〜2012 年）

順位	余暇活動種目（2011）	万人	順位	余暇活動種目（2012）	万人
1	国内観光旅行（避暑、避寒、温泉など）	5580	1	国内観光旅行（避暑、避寒、温泉など）	5670
2	外食（日常的なものは除く）	5370	2	ドライブ	5200
3	ドライブ	5360	3	外食（日常的なものは除く）	5170
4	映画（テレビは除く）	4160	4	映画（テレビは除く）	4090
5	音楽鑑賞（CD、レコード、FM など）	4110	5	音楽鑑賞（CD、レコード、FM など）	4000
6	ビデオ鑑賞（レンタルを含む）	3970	6	カラオケ	3660
7	カラオケ	3910	7	動物園、植物園、水族館、博物館	3650
8	宝くじ	3840	8	宝くじ	3530
9	動物園、植物園、水族館、博物館	3720	9	ビデオ鑑賞（レンタルを含む）	3420
10	園芸、庭いじり	3380	10	園芸、庭いじり	3100
11	テレビゲーム（家庭での）	3340	11	テレビゲーム（家庭での）	3080
12	トランプ、オセロ、カルタ、花札	3090	12	トランプ、オセロ、カルタ、花札	3070
13	音楽会、コンサートなど	2840	13	学習、調べもの	2580
14	学習、調べもの	2720	14	音楽会、コンサートなど	2570
15	体操（器具を使わないもの）	2710	15	ジョギング、マラソン	2450
16	バー、スナック、パブ、飲み屋	2640	16	バー、スナック、パブ、飲み屋	2420
17	ジョギング、マラソン	2590	17	帰省旅行	2370
18	写真の制作	2430	18	体操（器具を使わないもの）	2270
19	帰省旅行	2380	19	遊園地	2210
20	ピクニック、ハイキング、野外散歩	2330	20	ピクニック、ハイキング、野外散歩、写真の制作（同数）	2150

（注）パソコン（ゲーム、趣味、通信など）の参加人口はインターネット調査であることを考慮して上位 20 位から除外した。

（公益財団法人日本生産性本部編『レジャー白書 2013』）

これからのレジャー・レクリエーション

　2012年は全体的に余暇活動への参加人口が減少する中、国内観光旅行（避暑、避寒、温泉など）が2年連続首位を保持した。特記すべきことは、建設前から話題を集めていたスカイツリー（2012年5月に営業を開始）の入場者数が予想を上回るもので、多くの話題を振り撒いたことである。また10月には東京駅舎が開業当時の姿に復元され、さらに駅舎に独特のイルミネーションが施され、この話題も全国を駆け巡った。観光の新しい手段としては、LCC（格安航空会社）が国内に就航し、国内のみならず、海外旅行も容易になった。
　東京ディズニーランド、ユニバーサル・スタジオ・ジャパン、ハウステンボスなど各地のテーマパークの入場者数が好調で、2011年の圏外（21位）から2012年には19位にランクインされた。

6　高齢者は余暇活動の主役

　一人当たりの余暇活動参加種目数の変化をみてみる。過去10年間では、参加種目数は減少しつつ、活動の主体となる年代層の変化があった。**図2**は2002年、2006年、2009年、2012年における性・年代別の一人当たりの参加種目数である。

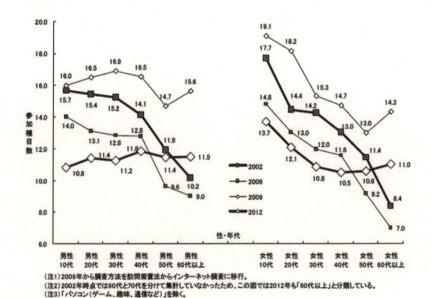

【図2】性・年代別参加種目の推移

図2によると、一人あたりの余暇活動参加種目数は2002年、2006年は10代、20代が最も多く、年代が上がるに従い減少している。これは男女とも同傾向であるが、特に女性で顕著である。しかし、2009年と2012年では変化が見られる。2002年、2006年頃、つまり約10年前と比べて種目数の減少が鈍くなっていることである。特に2012年の男性はほぼ横ばいとなっており、10代よりも60代の方が種目数が多くなっている。女性も約10年前と比べ60代の種目数が多いことが分かる。

このことからも近年では60歳以上の人々が積極的に余暇を楽しんでいることが分かる。例えば登山を例にとっても、高齢者がグループを作って複数で登っている姿は高尾山などでよく見られる。年齢に関係なく、自分たちの体調・体力に合わせて余暇を楽しんでいるといえる。

7　長寿社会は余暇社会の入口

世界保健機構（WHO: World Health Organization）が2014年に報告した「世界保健統計」では、日本人女性の平均寿命は87.0歳で世界一である。男性は80.0歳で8位だった。

長寿の要因は何だろうか。第1に日本は、国民皆保険制度の基盤整備が充実していることが挙げられる。健康保険証を持参すれば、診療は容易に受けられる。高齢者の個人負担割合は10%～20%で、所得によっては無料となる場合もある。対してアメリカは自由診療が基本である。高額な医療費に備え、各自が民間の保険会社と契約を行うが、低所得者は支払いが困難になる。特に医療費のかさむ慢性病患者等は、保険会社から更新を拒否されることも多い。アメリカの自己破産の6割は医療費が原因である。アメリカの歴代の民主党政権は、日本同様の医療保険制度改革法案（通称：オバマケア）を、上下両院で民主党が優位になった2010年3月に、大統領が署名し成立した（完全実施は2014年以降）。しかし、2014年の中間選挙で共和党が上下両院で優位に立ち、完全実施は危ぶまれている。代々、共和党が国民皆保険に反対する主な理由は、定職を持たない人々や低所得者のために税をつぎ込みたくないからである。

第2に地方自治体（市町村）による住民サービスが挙げられる。その最たるものは、自治体が推進している健康診断である。病気の早期発見・早期治療につながり、より一層の健康回復が推進されている。

第3に日本独自のライフスタイルがある。まず、入浴の習慣が挙げられる。欧米人の入浴は身体を洗うことが目的であるのに対し、日本人は入浴それ自

冒頭の『朝日新聞デジタル版』の統計とWHOの数字が異なっているが、各々の機関が独自の方法で調査集計しているので僅かな差は生じることに注意。

オバマケアとは、アメリカのオバマ政権が推進する医療保険制度改革の通称。この改革を公約に掲げるオバマ大統領の名前と健康管理（ヘルスケア）を組み合わせた造語。

体を楽しむ。毎日の入浴によって身のまわりを常に清潔に保つことは、感染症の予防にも効果がある。さらに食習慣が挙げられる。米飯を中心とした炭水化物を摂取すること、魚、豆腐、納豆、味噌、大豆類、野菜の摂取は、長寿国日本を支えている。先進国の中で飛び抜けて脂肪摂取が少ない日本の食生活を学ぼうと、昨今欧米では日本食が健康食として見直されている。

8　退職年齢と余暇の下支え

　内閣府「平成19年度中高年者の高齢期への備えに関する調査」によると、望ましい退職年齢の問いに対して「65歳」と回答した人は、55〜59歳までのグループで46.8％、60〜64歳までのグループでは41.7％であった。また「年齢にこだわらず元気ならばいつまでも働く方がよい」と答えた人は、55〜59歳までのグループで22.3％、60〜64歳までのグループでは22.9％と、「70歳定年」を望む声より上回った。この数字から読みとれることは、一生涯現役で役に立ちたいという願望である。社会の中で役に立つということは、「生きがい」であるといえる。

　最近の高齢者は金銭的余裕があり元気である。この比較的裕福になったルーツを探ると、昭和23年に始められた子供銀行（指針は平成16年5月廃止）が、各地の小学校に開設されたことに行き当たる。「貯蓄は良いこと」と教えられた高齢者は、貯蓄率が高い。加えて健康志向が高く、健康食品（DHA、EPA、コラーゲン、ブルーベリー、グルコサミン、乳酸菌など）の購入額も増えている。今後高齢者が余暇活動の主役になることは間違いない。

- 本章ではライフサイクルで特に高齢者のライフステージを主に取り上げた。幼児期、児童期、青年期、壮年初期、中年期の各ライフステージにおける具体的な発達課題を調べてみよう。
- 高齢者の体力、青年期の体力の特性は何か調べてみよう。

ボランティア活動

1 ボランティアとは

　ボランティアという語は広辞苑によると、「(義勇兵の意) 志願者。奉仕者。自ら進んで社会事業などに無償で参加する人」とある。ボランティアの歴史はイギリスの清教徒革命 (17 世紀初頭) の時、街を守る自警団として参加した人々をボランティアと呼んだことに始まる。日本のボランティアの歴史は、1951 年 (昭和 26 年) の社会福祉協議会の創設から始まっている (**表1**)。

【表1】日本のボランティアの歩み　(「地域福祉・ボランティア情報ネットワーク」HP「ボランティア・市民活動の歩み」より著者作成)

昭和 26 年	「社会福祉協議会」の創設
昭和 37 年	「善意銀行」の設置
昭和 48 年	「ボランティアセンター」の設置開始
昭和 52 年	「ボランティア協力校」の指定開始 「ボランティア活動保険」の創設
平成 4 年	「全国ボランティアフェスティバル」の実施開始
平成 5 年	「ボランティア活動推進7ヶ月プラン構想」の推進 ボランティアコーディネーターの配置促進 ボランティアアドバイザーの養成促進
平成 6 年	「ボランティア体験月間 (7～8月)」の推進開始
平成 7 年	「阪神・淡路大震災」での支援活動
平成 13 年	「ボランティア国際年 (IVY)」の活動推進 「第二次　ボランティア・市民活動推進5カ年計画」の推進 市民参加型福祉社会の創造 ボランティア・市民活動センターの強化・発展
平成 15 年	国際協力機構 (JICA) の設立
平成 16 年	新潟中越地震での支援活動
平成 19 年	新潟中越沖地震での支援活動
平成 23 年	東日本大震災での支援活動
平成 26 年	広島土砂災害での支援活動

日本のボランティアの歴史は海外に比べて短いと言えるが、後述するボランティアの性質を持った「隣組」というものがあった。この取り組みは第2次世界大戦時に、思想統制や住民同士の監視を目的として5軒から10軒の世帯を組織させた制度である。戦後になり住民同士の監視といった意味合いは薄れたが、回覧板や声かけという形で住民間の「相互性」は継続された。このようにボランティアの特徴の1つである「相互性」が元々根付いていたため、ボランティア活動は日本社会に取り入れられ易かったと言える。

ボランティア活動の特徴

今日に至るまでのボランティア活動の特徴には、次のようなものがある。

①**自主性**：ボランティア活動は、自分自身の意思によって行う活動であり、誰かに強制されたり、義務として行うものではない。もし、強制されたり義務として行う場合は、その活動は労働に近いものとなる。

②**社会性・相互性**：現代の社会には、さまざまな課題が存在している。これらの課題を各々が考え、他の人とも協力することにより解決していくことがボランティア活動において重要である。また活動を継続していくために、他人に迷惑をかけないということもこの要素に含まれる。

③**無償性**：ボランティア活動は金銭などの見返りを目的とした活動ではなく、活動を通したさまざまな出会いや発見、感動などの精神的報酬を得ることを目的とした活動である。

④**創造性**：現代の社会で何が求められており、それをどのように改善したらよいのか、常に考えることが大切である。それによってボランティアを必要としている現場を見つけることができたり、さまざまな視点から新たな方法や仕組みによって活動現場の持っている課題を解決することができる。

専門性のあるボランティア

一般的にボランティアのイメージとして、専門的な技術を持たない素人が活動しているという偏見がある。しかし実際には、教師・エンジニアなどが専門的な知識や技術を提供しているケースがある。これら専門的な知識や技術を持っている人は長期での派遣となるため、生活に支障が出ないよう現地の生活費や派遣期間分の給与などが与えられ、有償での活動となる場合が多い（表2）。

Chapter3 休日・休暇の活かし方

【表2】JICA国際協力専門員募集分野及び専門領域

募集分野	専門領域
都市開発・地域開発	
運輸交通	
教育	基礎教育
	高等教育
保健医療	保健医療全般（医師）
	保険財政（UHCの保健財政面）
水資源・防災	防災
	村落給水
農業開発・農村開発	灌漑農業・水管理
	食糧安全保障
民間セクター開発	貿易・投資促進
	中小企業・地場産業振興
資源・エネルギー	鉱物資源
	水力及び電力計画
	天然ガス開発利用
ガバナンス	行政（地方行政・地方財政・公共財政管理）
	金融
法・司法	法整備
	（1）司法アクセス・ジェンダーと人権
	（2）知財法・競争法等ビジネス関連法
	（3）IT法（サイバー法）・メディア法等
	民主化
	（1）選挙管理・選挙運営
	（2）議会制度・議会運営
資金協力業務	建築
	土木
	道路
	橋梁
	水力発電関連施設
	給水・水資源開発
	国際建設契約マネジメント
事業評価・プロジェクトマネジメント	

（JICA「2014年度国際協力専門員募集要項」より著者作成）

独立行政法人国際協力機構 国際協力人材部「2014年度 国際協力専門員募集要項」

　独立行政法人国際協力機構（以下、JICA）では、さまざまな分野で専門家の派遣が行われている。JICAは日本政府のODAにより事業を実施し、派遣先である発展途上国からの要請に基づき、技術や経験を持つ者を募集し、訓練を経て派遣する。派遣される分野は運輸交通や司法整備など、まさに国の根幹に関わるものが主体である。高度な専門知識や技術を持っていれば、このように国の基礎を作る支援活動に従事することもできる。

TRY!
日本が行っている他の国への支援活動について調べてみよう。

余暇時間とボランティア

ボランティアの前提として、他人に迷惑をかけないということを常に意識しておく必要がある。例えば、労働時間内に自分の意思でボランティアに参加した場合、自分の仕事を誰かが補うことになる。これでは他の人の負担を増やすことになってしまう。このようなことが続くと、今後ボランティアに参加させてもらえないといった事態にも発展しかねない。

ボランティアへの参加は余暇時間が使われるべきである。余暇時間は労働や必需時間以外の自由な時間を指す。個人の自由であるこの時間を利用して、ボランティアは行われるべきである。

TRY!
自分の余暇時間を有効に使えているだろうか。振り返ってみよう。

2　ボランティアの現状

震災とボランティア

ボランティアが世間から注目をされるようになったのは、1995年の阪神淡路大震災からである。この時、多くの人が災害ボランティアとして駆けつけた。それ以前には1959年の伊勢湾台風の際に、名城大学など現地の学生が支援活動を行ったことはあったが、全国規模での災害ボランティアはこの震災がはじめてである。しかし、受け入れ側の自治体が上手くボランティアを振り分けることができず、人材は揃っているのに活動が無く、待機しているだけということが各地でみられた。

この時の経験が、後の東日本大震災での災害ボランティアセンターの取り組みに影響を与え、その様子が各メディアで取り上げられた。この災害ボランティアセンターは、いわばボランティアの斡旋所と言えるもので、各地から集まった人々を効率よく振り分ける役割を果たした。

なお、各震災でのボランティアの概数は、『日本経済新聞』2015年1月15日付の記事によると以下の通りである。

　　阪神淡路大震災…………138万人（1995年1月〜1996年1月）
　　新潟県中越地震…………8万人（2004年）
　　新潟県中越沖地震………3万人（2007年7月〜12月）
　　東日本大震災……………102万人（2011年3月〜12年3月）
　　広島土砂災害……………4万人（2014年8月〜12月）

国際貢献

現在、日本のボランティア活動は、国内に留まらず海外においても積極的に行われている。その代表例が青年海外協力隊である。外務省によると青年

PART 1 レジャー理論
Chapter3 休日・休暇の活かし方

　海外協力隊は、JICA の前身である「海外技術協力事業団（OTCA）」に委託して行う政府事業として 1965 年にスタートした。管轄官庁である外務省は関係省庁と協議を重ね「日本青年海外協力隊要綱」をまとめた。そして 1974 年の国際協力事業団の設立までの間、この協力隊要綱に基づき運営された。
　現在の青年海外協力隊の活動内容は独立行政法人国際協力機構法によると次のようにまとめられている。

イ．開発途上地域からの技術研修員に対し技術の研修を行い、並びにこれらの技術研修員のための研修施設及び宿泊施設を設置し、及び運営すること。
ロ．開発途上地域に対する技術協力のため人員を派遣すること。
ハ．ロに掲げる業務に係る技術協力その他開発途上地域に対する技術協力のための機材を供与すること。
ニ．開発途上地域に設置される技術協力センターに必要な人員の派遣、機械設備の調達等その設置及び運営に必要な業務を行うこと。
ホ．開発途上地域における公共的な開発計画に関し基礎的調査を行うこと。

　青年海外協力隊の地域別派遣先の割合は、アフリカが 33％、次いでアジアが 29％である。このことから発展途上国への派遣が主に行われていることが分かる（**図 1**）。

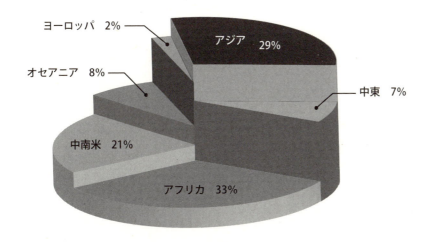

【図 1】 青年海外協力隊の地域別派遣先
（「JICA ボランティア」HP より著者作成）

これからのレジャー・レクリエーション

　例えばJICAの公式発表によると、アフリカの援助の柱として「ダイナミックに成長するアフリカの官民一体による支援の推進とインクルーシブな開発」を掲げている。これを基にJICAは、アフリカ地域の46カ国に合計で1209億円規模の事業を通じた支援を行っている。

独立行政法人国際協力機構「各国における取り組み」(2014)

　具体的な活動として2014年度には、産業人材育成、回廊開発、自給自足から収益の高い農業への転換、日本アフリカ・ビジネスウーマン交流プログラムなどを行っている。

　海外でのボランティア活動は、他国の文化・風習・生活スタイル・言語を学ぶことができるため、国内の活動では得られない体験ができるだろう。しかし、海外ボランティアに行く際には、派遣先の治安情報に十分注意しなければならない。特に発展途上国は治安が悪く、強盗、誘拐などの被害にあうリスクがある。ボランティア活動の前提である「他人に迷惑をかけない」を十分考慮に入れて活動しなければならない。

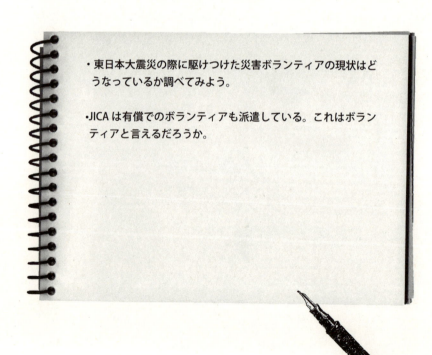

・東日本大震災の際に駆けつけた災害ボランティアの現状はどうなっているか調べてみよう。

・JICAは有償でのボランティアも派遣している。これはボランティアと言えるだろうか。

6 旅行と観光

　観光という言葉は、中国の古典『易経』の中の"国の光を観る"に由来するとされる。他国に行って、その国の風景、風俗、文物等を見るという意味である。

　英語圏で観光は tourism が使用されている。佐竹（2010）はその語源を、ラテン語の tour（旋盤、回るもの）とし、（もともと円を描く道具を示す）ラテン語の tornus から生まれたものであったと記している。

　「旅」に関連しては travel、journey、trip などがよく用いられるが、中世ではどこに行くにも困難を極めたことから、"苦労して働く"という意味の Travel が、旅をする意味に用いられた。なお Journey は"1日のたび"が基本的な意味であり、Trip は、"短い旅"であるとされる。

『世界大百科事典』平凡社

池田勝、永吉宏英、西野仁、原田宗彦『レクリエーションの基礎理論』杏林書院（1989）

佐竹真一『ツーリズムと観光の定義―その語源的考察、および、初期の使用例から得られる教訓』大阪観光大学紀要開学10周年記念号（2010）

1　国内観光旅行

　温泉旅行、修学旅行、家族旅行、職場旅行など、さまざまな形態で旅行は楽しまれている。2014年度における日本人の余暇活動別参加人口をみると、「国内観光旅行」が最も参加率の高い余暇活動となっている（図1）。

　人気の高い国内観光旅行であるが、その楽しみ方には近年変化がみられる。旅行同行者についての調査をみると、1人で旅を楽しむ人の数は年々増える傾向にあり、友人や職場・サークルの仲間とのグループ旅行が少なくなっている。多人数でワイワイとした旅行より、個人や家族でのんびりと時間を過ごす旅行が、好まれるようである（図2）。

余暇問題研究所『現代人とレジャー・レクリエーション』不昧堂出版（1997）

TRY!
修学旅行先で最も多い都道府県はどこか調べてみよう。

これからのレジャー・レクリエーション

日本生産性本部「レジャー白書」
(2015)

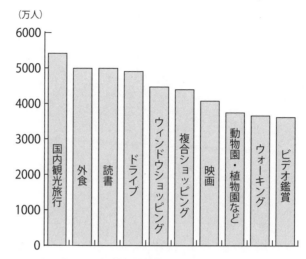

【図1】2014年度余暇活動の参加人口上位10種目
（日本生産性本部『レジャー白書2015』より作成）

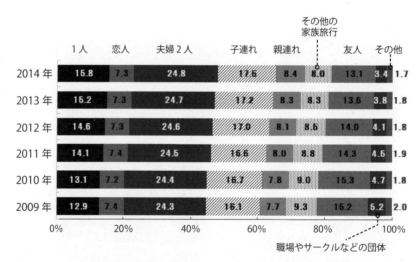

【図2】宿泊旅行者の同行形態（出張・帰省・修学旅行など除く）
（「じゃらん宿泊旅行調査2015」（リクルートじゃらんリサーチセンター調べ）より作成）

　2014年での国内観光旅行の行先を地域別割合でみると、もっとも参加率が高いのは東京都で、続いて、京都府・滋賀県、長野県・山梨県、神奈川県の順となっている（図3）。

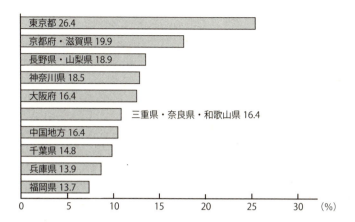

【図3】2014年度国内観光旅行者の旅行地域別割合（複数回答）
日本生産性本部「レジャー白書2015」より作成）

2　海外旅行

「海外旅行」について余暇活動別参加人口（**図1**）をみてみると、10位以内にもランクされていない。しかし今後も続けて楽しみたい、将来行ってみたいとする余暇活動としては、常に高い人気を得ている（**表1**）。

【表1】余暇活動の参加希望順位（2014年）とこの5年間の参加希望率（単位%）

順位	余暇活動種目	2014	2013	2012	2011	2010
1	国内観光旅行	14.4	73.0	75.2	75.8	79.5
2	温浴施設※2	49.3	42.3	46.7	-	-
3	読書※1	48.3	46.2	-	-	-
4	ドライブ	47.6	45.4	49.4	51.9	59.2
5	動物園、植物園など	47.2	41.6	44.8	45.2	53.0
6	複合ショッピングセンター等※2	44.1	36.9	40.0	-	-
7	海外旅行	43.9	43.0	47.9	48.5	53.1
8	外食	40.9	38.2	42.8	45.6	47.3
9	バーベキュー※2	39.2	32.6	35.2	-	-
10	ウォーキング※2	38.8	36.2	39.1	-	-

※1は2013年から、
※2は2012年からの新調査項目
（日本生産性本部『レジャー白書2012～2015』より作成）

これからのレジャー・レクリエーション

TRY!
海外旅行先で最も多い国はどこか調べてみよう。

　このことは海外旅行が、高額な予算と長期の休暇を必要とし、容易に参加することのできない余暇活動の1つであることを示している。
　海外旅行者数の年次推移を見てみると、1983年に423万人であったが、2014年には1690万人と4倍に増加している（**図4**）。余暇活動としては参加率の低い海外旅行であるが、渡航者が年々増加していることや、今後の参加希望者が多いことを考えると、まだまだ伸び続けていく分野であると思われる。

国土交通省観光庁編『平成27年度版　観光白書』（2015）

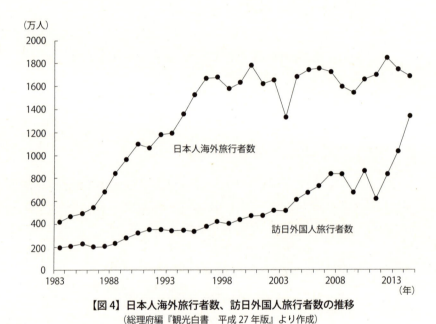

【図4】日本人海外旅行者数、訪日外国人旅行者数の推移
（総理府編『観光白書　平成27年版』より作成）

　海外旅行経験者に訪れたい渡航先を聞いたところ、イタリア、フランス、オーストリア、スペイン、ハワイの順で人気が高かった（**表2**）。
　日本に訪れる外国人旅行者も、円高と新型インフルエンザの流行が重なった2009年、東日本大震災が発生した2011年を除けば、毎年増加し続けている。その数は1994年の346万人から2014年には1341万人へと、この20年間でおよそ4倍に達している。

PART 1　レジャー理論
6　旅行と観光

【表2】今後訪れたい渡航先国・地域アンケート順位

2013年	国・地域	2012年	2011年	2010年
1	イタリア	1	1	1
2	フランス	3	2	2
3	オーストリア	2	2	2
4	スペイン	4	4	4
5	ハワイ（オアフ島）	7	6	7
6	イギリス	5	5	5
7	ドイツ	6	8	8
8	アメリカ東部	8	7	6
9	ハワイ（オアフ島以外）	10	11	12
10	アメリカ西部	9	9	11

（三冬社『余暇・レジャー＆観光統計年報　2012-2013、2014-2015』より作成）

『余暇・レジャー＆観光統計年報 2012-2013』三冬社
『余暇・レジャー＆観光統計年報 2014-2015』三冬社

3　旅券（パスポート）

　海外旅行を楽しむには、身分証明書となる旅券が必要である。旅券の有効期間は、取得後5年間（紺色）と10年間（赤色）の2種類がある。成人はどちらかを選択できるが、未成年者は5年間（紺色）の有効旅券しか取得できない。

　申請は原則として住民票のある都道府県の旅券窓口（パスポートセンター）であるが、地域の役所または町村役場等が窓口になっている自治体もある。申請時に必要となるものは「一般旅券発給申請書」、「戸籍謄本（または戸籍抄本）」1通、「住民票の写し」1通、「写真」1葉（縦45㎜×横35㎜）、「身分を証明する文書（運転免許証等）」、手数料の準備である（2015年10月現在）

外務省ホームページ『パスポートの申請から受領まで』
http://www.mofa.go.jp/mofaj/toko/passport/pass_2.html

旅行業

　近年、旅行業者数は減少傾向にあるが、インターネット専業による会社の成長は著しい。それに伴い既存旅行会社においても、インターネットによる旅行商品販売を導入するようになり、低価格競争が激化している。

　2001年から2014年までの、旅行業取扱額（手数料収入）では、大きな増減はみられない。しかし国内航空会社の国際線収入については、2004年頃から右肩上がりの増加がみられる。これは2005年より航空旅客に対して導入された、燃油サーチャージ制が始まったことが要因と考えられる。燃油サーチャージは運行時の燃料価格を考慮し、その価格を費用に追加徴収する

あなたが旅行業者だとしたら、どのような旅行プランを立てるだろうか。

Leisure and Recreation

形式である。その金額は原油価格高騰により 2008 年に最高値を示した。その結果、収入額は増加傾向となったが、その後 2009 年頃には原油が低価格に安定したため、その額は減少に向かったものと考えられる（図 5）。

旅行者の動向は世界情勢に左右される。近年では、アメリカ同時多発テロ事件（2001 年）、イラク戦争（2003 年）、SARS の発生（2002 ～ 2003 年）、新型インフルエンザの流行（2009 年）の直後には、旅行者は渡航を控え、一時的な旅行者の減少へとつながった。また、円高・円安といった経済面の変化にも旅行者は敏感である。これらの影響は旅行業者にとって脅威となっている。

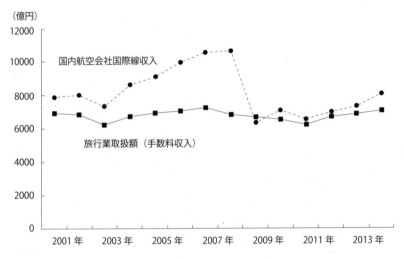

【図 5】旅行業取扱額と国内航空会社国際線収入の年次推移
（公益財団法人日本生産性本部「レジャー白書 2015」より作成）

4　観光庁

国は観光のさらなる発展を推進するため、1963 年に制定された「観光基本法」を全面改正し、2007 年 1 月に「観光立国推進基本法」を施行、法の整備を行った。さらに、2007 年 6 月には基本法に基づいた「観光立国推進基本計画」を発表し、2008 年にはその計画を推し進める機関として、国土交通省に観光庁を設立した。

この計画の基本方針として、
①国民の国内旅行及び外国人の訪日旅行を拡大するとともに、国民の海外旅

行を発展させる
②将来にわたる豊かな国民生活の実現のため、観光の持続的な発展を推進する
③地域住民が誇りと愛着を持つことのできる、活力に満ちた地域社会を実現する
④国際社会における名誉ある地位の確立のため、平和国家日本のソフトパワー強化に貢献する

の4つを掲げ、観光のさらなる発展を推進していくこととしている。

- 日本人の国内旅行、海外旅行の推移の変化は、国民所得と関係があるのか調べてみよう。
- 格安航空会社と既存の航空会社の競争激化について調べてみよう。

これからのレジャー・レクリエーション

7 趣味のよろこび

　趣味とは、仕事や学業などの実益的活動以外の余暇時間に行う行為である。その特徴として継続性が挙げられる。対してレクリエーションなど、余暇に行われる活動の継続性はあまり問題にはならない。例えば1回きりの開催であったとしても、（その時間の中で）精神的または身体的充足感が得られればいいのである。

　趣味は最初、単発的な取り組みから行われることもある。しかし、「またあの体験をしたい」という感情が湧き上がるほど、その活動にとりつかれてしまう。それが趣味の条件であるともいえる。

　趣味の種類とされるものは実に多い。その一部を下記に列挙してみる。

あなたの趣味を挙げてみよう。また今後、趣味になるようなことがあれば考えてみよう。

- スポーツ……ジョギング、登山、ゴルフ、サーフィン、スキューバダイビング、水泳、スキー、スノーボード、テニス、乗馬、ボウリング
- エクササイズ……ヨガ、サイクリング、ウオーキング、筋トレ、ダンス、気功、座禅、エアロビクス、フリスビー、カヤック
- 芸術（鑑賞・創作）……写真、グラフィックデザイン、詩、書道、デッサン、刺繍、彫刻、陶芸、演劇・芸能鑑賞、ネイルアート、生け花、美術館めぐり、世界遺産めぐり、版画
- 音楽（鑑賞・演奏）……楽器演奏、オーデイオ、ライブ・コンサート、合唱
- 育成・飼育……熱帯魚、家庭菜園、盆栽、ガーデニング、観葉植物、ペット
- 生活……料理、アロマテラピー、パソコン、ネットサーフィン、果物狩り、お菓子作り、DIY、アマチュア無線、編み物、コーヒー、食べ歩き、酒・ワイン
- 収集……プラモデル、ドールハウス、切手、シルバーアクセサリ、モデルガン、ミニカー、貨幣、漫画、カード、フィギュア、時計、カメラ、切符、昆虫採集、化石、香水、人形骨董品、葉巻、たばこ
- 製作……PIC（電子工作）、ジグソーパズル、デコアート、ラジコン、自

作パソコン、ペーパークラフト、鉄道模型、船舶模型作り、ステンドグラス、人形作り、アクセサリー作り、バルーンアート、車のドレスアップ、フラワーアレンジメント、キルト作り（写真参照）
- **娯楽**……旅行、温泉めぐり、パワースポットめぐり、テレビゲーム、釣り、チェス、ビリヤード、マージャン、ドライブ、将棋、ダーツ
- **観戦・観察・観測**……スポーツ観戦、飛行機・戦闘機、祭り、格闘技観戦、工場見学、天文・天体観測

趣味の一風景（キルト作り）

1　趣味の動向

　2010年以降の趣味の動向で欠かせないのはSNS（ソーシャル・ネットワーキング・サービス）の活用である。利用者の多くは趣味で取り組んだ写真や文章を自身のブログなどにアップロードし、他者からの評価を得ようとする。このように、自分自身だけで楽しむ趣味から、SNSの登場により他者に発信、共有するものへと変化している。スマートフォンやタブレットなどの機器が発達した現代ならではの変化であるといえよう。

　また、2008年以降に顕著であるのが、健康志向の強い趣味（ランニングやヨガなど）を行う人が増えていることである。これらは趣味に取り組むこ

とによって得られる精神的充足感だけでなく、健康増進による充足感も得ることができる。さらにこれらの趣味の利点として、初期投資が比較的少なくて済むことが挙げられる。方法さえ分かれば、自分の身一つで行うことが十分可能なのである。

ただ、これらの趣味にも欠点はあり、熱中し過ぎると他の生活にも影響を及ぼしてしまう。例えば、スポーツのような活動的な趣味で度が過ぎると、怪我につながる可能性が増える。骨折、捻挫、筋断裂などの重傷を負えば、日々の生活への影響は避けられない。これでは趣味を楽しむ時間の意義が損なわれてしまうだろう。また非活動的な趣味であっても、熱中し過ぎて疲弊し、肝心の仕事や学業の際に集中力を欠いてしまえば本末転倒である。

2　趣味を楽しむには

趣味を楽しむことは大切だが、日常生活に影響を及ぼさないように行わなければならない。他にも次の点に注意すれば、趣味を自分の人生の中でうまくコントロールすることができる。趣味が仕事や学業などの実益に結びつく関係が保たれ、生涯を通じて楽しむことができるだろう。

お金をかけすぎない

趣味にはお金のかかるものがある。趣味は個人の好みで決まる要素が強いため、たまたま好きになった趣味が金銭的負担のかかるケースもあるだろう。だからといって、あまりに負担が多過ぎて生活が困窮するようでは、その趣味の再考をしなければならない。

他人に迷惑をかけない

私たちは他者と共存しながら社会を形成している。したがって、自身の趣味が他人に迷惑をかければ自分の生活にもマイナスの影響を及ぼすことになる。それでは趣味に興じる意味がない。趣味に没頭するのはいいとしても、他人に迷惑をかけていないか一度、振り返ることが大切である。

仲間をつくる

趣味は自身が楽しむものであるが、人は元々、他人から認められたい欲求を持っている。自分の好きなことが他人から認められれば、その喜びは何物にも代えがたい。その事が趣味へのモチベーションをさらに高めてくれるだろう。

この章を読んで興味を持った活動に取り組んでみよう。

PART 1 レジャー理論
7 趣味のよろこび

・趣味とお金（経済的余裕度）、時間、人間関係などの要因について関係図を作図し、各自に合った趣味を挙げてみよう。

Note

これからのレジャー・レクリエーション

8 テーマパークとは

TRY!
あなたの住む都道府県にあるテーマパーク、遊園地を調べてみよう。

公益財団法人日本生産性本部『レジャー白書2010』生産性出版（2009）5頁

　「テーマパーク」という言葉から、多くの人達は遊園地を思い浮かべるのではないだろうか。経済産業省の「特定サービス産業実態調査」において最初の調査（1986）では、テーマパークと遊園地の区別は無かったが、その後の調査で区別がつけられるようになった。つまり、近年では遊園地とテーマパークは異なる施設と考えられている。

　『レジャー白書』によると、テーマパークの定義を「テーマパークとは、入場料を取り、特定のテーマをもとに施設全体の環境づくりを行い、テーマに関連するアトラクションを有し、パレードやイベントなどのソフトを組み込んで、空間全体を演出して娯楽を提供する事業所をいう」としている。これらのことからジェットコースターや観覧車などの乗り物を主として楽しむ遊園地に対し、テーマパークとはある特定のテーマをもとに、そのテーマに沿った乗り物やショー、およびイベント、アトラクション、さらには滞在施設や商業施設などを含めた全体の環境作りを行い、来場者に非現実の世界を体験させ楽しませることを目的としたレジャー施設のことであると言える。

　これらの対象とはならない事業所の例として、以下が挙げられる。

①ゲームセンター、百貨店の屋上等の遊戯施設等
②動物園、植物園、水族館、観光牧場、スポーツランドにおいて、遊園地・テーマパークの定義に該当しないもの。
③博物館および博物館相当の施設に指定されている施設
④「③」以外の美術館、宝物館、歴史民族資料館、郷土資料館などの博物館類似施設
⑤オルゴール館、人形の家、クアハウス、健康ランド等
⑥国立公園

PART 1　レジャー理論
Chapter8　テーマパークとは

1　テーマパークの歴史

　日本のテーマパーク誕生の歴史は、遊園地と博覧会の2つが原点とされている。まず、江戸時代には、奇術、曲芸、からくり細工、菊細工の展示や実演、大道芸などの見世物が行われていた。これら見世物興行としての盛り場が、一種のテーマパークであったと言える。

　明治初めから大正にかけて、菊細工は菊人形展示として大衆娯楽の形態に発展し、さらに歌舞伎狂言をテーマに大仕掛けな動的装置の演出を加え、市民のエンターテイメント施設として人気を博した。この菊人形展示から派生的に娯楽施設が付帯され、遊園地が生まれた。

　また一方、ウィーンで万国博が開催され（1873年）、日本が正式に万国博という国際舞台に参加したが、この博覧会で登場した木製の大観覧車、回転木馬、ファンハウス、ジェットコースターの原型のような乗り物が、その後の遊園地施設の主流となり、新しいアミューズメントマシン開発の発端となった。また、1933年のシカゴ万博以降、万国博にテーマが設定され、テーマに沿って展示が行われるようになった。以後、博覧会はテーマを持つようになっていった。

　1960年代に入って、日本の高度経済成長を背景に、大型マシンを設備した大規模な遊園地が登場する。1983年には東京ディズニーランドと長崎オランダ村が開業し、日本における代表的なレジャー施設となった。その成功で、テーマパークという言葉が日本に浸透し、さまざまなタイプのテーマパークが各地に建設されるようになった。

綜合ユニコム『レジャーランド＆レクパーク総覧1994』綜合ユニコム（1993）24頁

綜合ユニコム『月刊レジャー産業資料2007年8月号』綜合ユニコム（2007）44-45頁

綜合ユニコム『レジャーランド＆レクパーク総覧2011』綜合ユニコム（2010）6-20頁

日本の主要なテーマパークとそのテーマ
- サンリオ・ピューロランド（東京都多摩市）：サンリオのヒットキャラクター
- ハウステンボス（長崎県佐世保市）：17世紀のオランダの街並み
- スペースワールド（福岡県北九州市）：宇宙と宇宙旅行
- ユニバーサルスタジオジャパン（大阪市此花町）：ハリウッド映画と映画作りの舞台裏
- 東京ディズニーリゾート（千葉県浦安市）：ウォルト・ディズニーのアニメ映画の世界
- 東映太秦映画村（京都府京都市）：東映の京都撮影所の一部を分離し一般公開
- 姫路セントラルパーク（兵庫県姫路市）：サファリパーク形式で動物園と遊園地が融合

TRY!
主要なテーマパークについて、それぞれ調べてみよう。

2 余暇市場から見る市場規模

　レジャー白書の推計によると、余暇市場は2000年の約85兆円から比べほぼ毎年縮減しており、2011年には23.6%減の約64兆円となっている。これに対し、観光・行楽部門の「遊園地・レジャーランド」は近年微減傾向にあるものの、2001年以降6000億円台を維持しており、余暇市場全体に占める割合は増加している。

【表1】余暇市場からみる市場規模　　　　　　　　　　　　　　（億円）

	2000年	2001年	…	2011年	2012年	2013年	2014年
スポーツ部門	49,600	47,880	…	38,900	39,160	39,190	39,480
趣味・創作部門	117,750	117,300	…	93,820	84,950	83,550	82,010
娯楽部門	572,260	551,780	…	424,490	501,520	502,010	502,490
観光・行楽部門	111,240	109,720	…	92,200	721,960	724,970	729,230
余暇市場(以上合計)	850,850	826,680	…	649,410	1,347,590	1,349,720	1,353,210
遊園地・レジャーランド	4,730	6,250	…	5,850	6,550	7,240	7,410
対余暇市場	0.56%	0.76%	…	0.90%	0.49%	0.54%	0.55%

『レジャー白書』(2010)、『レジャー白書』(2014)より著者作成

中島恵『テーマパーク産業論』三恵社（2011）7-8頁

3 テーマパーク業界の現況

　わが国のテーマパークの入場者数は、年間約8000万人と言われている。そのうち東京ディズニーリゾートが半数、ユニバーサル・スタジオ・ジャパンが2割、残り3割を約20パークで分け合っている。この構図は2001年のUSJ、東京ディズニーシー開業以降固定化している。一時はバブル経済のあだ花のように言われたこともあるテーマパークだが、2001年以降、各テーマパークとも横ばいないし、漸増基調である。

　毎年多くの人々が訪れるテーマパークは、わたしたちにとって娯楽施設として十分定着していると言えるだろう。

- あなたならどのようなテーマパークをつくるか考えてみよう。
- 世界のテーマパークの概要をまとめてみよう。

9 公営ギャンブルをたのしむ

ギャンブル（賭博）とは、金品を賭けて勝負を争う遊戯をいう。ギャンブルの起源は占いであり、その始まりは原始時代であったとされる。将来、起こりうる幸や不幸を、木の枝や石、動物の骨を投げ、その落ち方で知りたいという欲望が、ギャンブルに発展していった。

日本における最も古い賭博は、西暦685年頃流行した「盤双六」という「すごろく」であった。当初は勝ち負けだけを争っていた遊びも、徐々に金品を賭けるに至り、すごろくからカルタ、花札、サイコロへと賭博の種類を変え行われるようになった。江戸時代以降には、賭博によって生計を立てる博徒と呼ばれる者の数が増えていった。その後、博徒の集団は組織化され、それぞれの組織が縄張りを持って博打が行われる社会が明治時代まで続いた。

現在の日本では、「偶然の勝負に関し財物を賭けること」は罪とみなされ、賭博罪（刑法第185条）により50万円以下の罰金、または科料に処せられる。しかし競馬・競輪・競艇などは、それぞれ競馬法（1923年制定）・自転車競技法（1923年制定）・モーターボート競走法（1951年制定）で認められた賭博であり、賭博罪にはあたらない。

神田孝治編著『レジャーの空間』ナカニシヤ出版（2009）

1 公営ギャンブルの種類

日本で楽しまれている公営ギャンブルは、公営競技と公営くじに区別される。公営競技には競馬、ボートレース、競輪、オートレースがあり、公営くじには宝くじ（開封くじ、被封くじ＝スクラッチ、数字選択式宝くじ＝ナンバーズ・ロト）と、スポーツ振興くじ（toto・BIG）がある（表1）。

【表1】日本における公営ギャンブルの種類

種類		主催者・運営販売者	監督官庁
公営競技	中央競馬	日本中央競馬会（JRA）	農林水産省
	地方競馬	地方自治体	農林水産省
	ボートレース	地方自治体	国土交通省
	競輪	地方自治体	経済産業省
	オートレース	地方自治体・地方公営企業	経済産業省
公営くじ	宝くじ	全国都道府県・政令指定都市	総務省
	スポーツ振興くじ	独立行政法人　日本スポーツ振興センター	文部科学省

2　公営競技

　公営ギャンブルである競馬のうち、日本中央競馬会（JRA）が主催する競馬を中央競馬、地方自治体が主催する競馬を地方競馬と呼ぶ。中央競馬場は現在10カ所（札幌、函館、福島、中山、東京、新潟、中京、京都、阪神、小倉）にあり、初開催は東京競馬場と京都競馬場であった（1954年）。一方、地方競馬を開催している競馬場は全国17カ所にあり、その数は減少傾向にある。

公益財団法人日本生産性本部『レジャー白書2015』(2015)

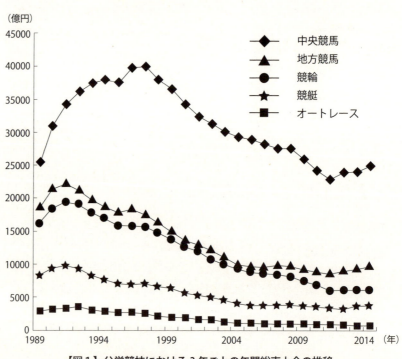

【図1】公営競技における3年ごとの年間総売上金の推移
（日本生産性本部『レジャー白書2015』より作成）

競艇は 2010 年 4 月より「BOAT RACE（ボートレース）」の名称に統一変更され、全国に 24 カ所のボートレース場が設置されている。また競輪場は 43 カ所、オートレース場は 6 カ所ある（すべて 2015 年 10 月現在）。

これら公営競技の売上金は、国や地方自治体の貴重な収入源となってきた。しかしバブル崩壊以後の不況の長期化、ギャンブル離れ、レジャーの多様化などが要因となり、減少傾向にある。その中で中央競馬は、インターネットによる投票システム導入で、売上金の増加を近年示している（図1）。

3　宝くじ（公営くじ）

宝くじの歴史は、江戸時代初期の「富くじ」から始まった。当初は寺院が当せん者にお守りを授けるだけであったが、次第に現在のような金銭を受け取る制度に変わっていった。「宝くじ」に名前を変えたのは、1945（昭和20）年である。宝くじは他の公営ギャンブルとは異なり、購入・当せん金の受け取りに年齢制限はない。

1964 年には、宝くじの調査研究と普及宣伝を目的とした、財団法人日本宝くじ協会が設立された。宝くじの収益金は当せん金として当せん者に支払われるほか、発売元である全国都道府県や政令指定都市に納められ、公共事業などに使われている。また医療法人や社会福祉法人などへの助成として特種用途自動車を、公営鉄道・第三セクター鉄道には鉄道車両を寄贈している。これらの車体には必ず「宝くじ号」の文字が印されている。

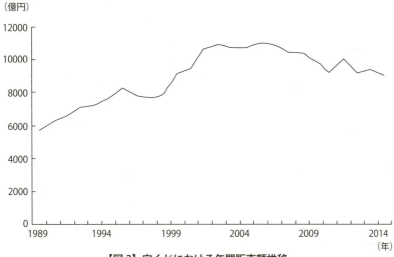

【図2】宝くじにおける年間販売額推移
（日本生産性本部『レジャー白書 2015』より作成）

宝くじの販売額売上げをこの25年で見てみると、1999年に1等当せん金2億円のドリームジャンボ宝くじ発売により、売上げを飛躍的に伸ばしていったが、2005年頃をピークに近年では減少傾向にある（図2）。

4　スポーツ振興くじ（公営くじ）

　スポーツ振興くじは、プロサッカー「Jリーグ」が実施するリーグ戦、リーグカップ戦及び天皇杯を対象とし、試合結果あるいはチームの得点数を予想投票することにより、払戻金を受けることのできる公営ギャンブルである。しかし19歳未満の購入またはその譲渡は禁止されている。運営・販売は文部科学省の監督により、独立行政法人日本スポーツ振興センターが行っている。

【表2】スポーツ振興くじ助成金の助成対象事業

独立行政法人日本スポーツ振興センター『スポーツ振興事業助成』(2011)

助成事業区分	助成対象事業
大規模スポーツ施設整備助成	Jリーグホームスタジアム等整備事業 国民体育大会冬季大会競技会場整備事業
地域スポーツ施設整備助成	クラブハウス整備事業 グラウンド芝生化事業 スポーツ施設等整備事業
総合型地域スポーツクラブ活動助成	総合型地域スポーツクラブ創設支援事業 総合型地域スポーツクラブ創設事業 総合型地域スポーツクラブ自立支援事業など
地方公共団体スポーツ活動助成	地域スポーツ活動推進事業 冬季国体の競技会開催支援事業など
スポーツ団体が行う将来性を有する選手の発掘及び育成強化助成	タレント発掘・一貫指導育成事業 身体・運動能力特性に基づくタレント発掘事業
スポーツ団体スポーツ活動助成	スポーツ活動推進事業 ドーピング検査推進事業 スポーツ指導者海外研修事業など
国際競技大会助成	日本で行われる、国際的規模のスポーツ競技会を開催する事業に対する助成
東日本大震災復旧・復興支援事業	被災地の総合型地域スポーツクラブ支援事業 東北総合体育大会開催支援事業 被災したスポーツ施設の復旧施設整備事業等

（日本スポーツ振興センター『スポーツ振興事業助成』より作成）

現在のところプロサッカーだけが対象となっており、通称「サッカーくじ」と呼ばれ、スポーツ振興の財源確保を目的に 2001 年からは「toto」が発売されている。また 2002 年度より売上金の一部は、スポーツ団体や地方自治体などが行うスポーツ振興のための助成金として、申請者に配分されている（**表2**）。

スポーツ振興くじの売上金は、発売初年度（2001 年）の 642 億円から年々減少を続けてきた。しかし 2006 年に、高額当せん金くじ「BIG」（最大当せん金額 6 億円）が発売されたことにより、その後の売上金が上昇に転じた（**図3**）。

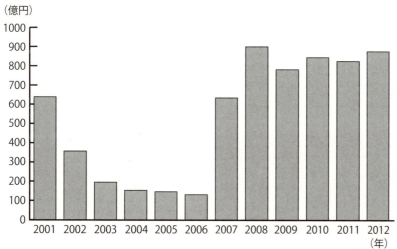

【図3】スポーツ振興くじの年間総売上金推移
（笹川スポーツ財団『スポーツ白書 2014――スポーツの使命と可能性』より作成）

笹川スポーツ財団『スポーツ白書 2014――スポーツの使命と可能性』

5 パチンコ・スロット

パチンコは、52.3％の人が過去に 1 度でも経験したことがあると回答した、余暇活動の中で非常に人気の高い遊びである。ギャンブル的な要素が高く、その原型はコリントゲームであったと言われている。戦後、名古屋が発祥となり、現在のような形に発展していった。パチンコ業界市場の現状を、パチンコ貸玉料とパチンコ式スロット（パチスロ）貸メダル料で見ると、2005 年から減少傾向にある（**図4**）。また遊戯場数も、2014 年まで 19 年連続で減少しており、厳しい生き残り競争が続いている。

これからのレジャー・レクリエーション

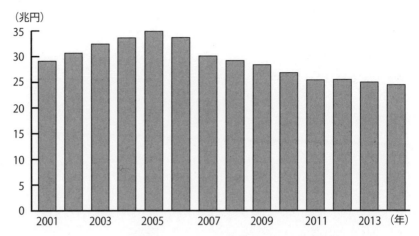

【図4】パチンコ（貸玉料）・パチスロ（貸メダル料）の年間総売上金推移
（日本生産性本部『レジャー白書2015』より作成）

6　ギャンブルを楽しむために

　頭からギャンブルが離れない、止められないといったギャンブル依存症という精神疾患がある。余暇活動としてのギャンブルも、度が過ぎれば病気となってしまう。ギャンブルを楽しむためには、使える額をしっかりと決め、その範囲内で楽しみ、決して借金をしないことが一番の予防法となる。

- 賭けゴルフ、賭けマージャンは、賭け金が少額であれば違法ではないのか調べてみよう。

- 公営ギャンブルの1つである公営競技が始まった理由は何だろうか。調べてみよう。

PART 1　レジャー理論
10　レジャー・スポーツ産業

レジャー・スポーツ産業

　総務省の日本標準産業分類によるとレジャー産業は「娯楽業」に該当し、劇場や舞踏団などの興行業（興行団）、体育館やゴルフ場、ボーリング場などのスポーツ施設提供業、ビリヤード場やパチンコホール、ゲームセンターなどの遊技場運営業、競輪や競馬等の競争場（競技団）運営業、テーマパークや公園、遊園地、ダンスホールやカラオケボックス業などが含まれる。これらのレジャー産業は、人々の余暇時間（Chapter2参照）の有効的な活用を実現できる生活環境や経済状況、または災害や技術革新等の影響を強く受けると言える。

　2011年に発生し甚大な被害をもたらした東日本大震災は、津波や原子力に関わる諸問題を引き起こし、建物の崩壊、停電、消費の自粛などにより、レジャー産業界に大打撃を与えた。これはレジャー産業そのものが、大量生産大量消費社会に大きく依存してきたことを示唆するものであって、これを機にレジャー産業が果たす社会的な役割や機能、特徴などを再考していかなければならない。

1　レジャー産業とスポーツの関わりについて

　産業界にとって重要な消費者マインドは、依然として厳しい状況にあるが、そのような現況を打ち消す役割を果たすのが、「スポーツ」である。例えば、東日本大震災後のワールドカップで、女子サッカー日本代表は優勝を果たし、日本全土に勇気と活気を与えた。被災地での子どもたちに対する（サッカーや野球に代表される）ボールゲームのレクリエーション活動は、日常生活から離れて、気晴らしをするという効果を大いにもたらした。

　スポーツに関連する産業（市場）規模は、長く減少傾向が続いている（Chapter8「表1」参照）。ただし、すべての要因で減少しているわけではなく、ランニング用品、スポーツ自転車、登山・キャンプ用品、フィットネス用品、

Leisure and Recreation

これからのレジャー・レクリエーション

TRY!
レジャー産業における「女性」が果たす役割は非常に大きいが、どのような点からそのように言えるのだろうか。

は堅調である。これらは健康志向の高まりから始まった、ランニングやアウトドアブームが牽引していると思われる。「山ガール」といった言葉の流行や、ファッション性に富んだウエア等が市場に出回ることで、多くの女性を取り込んだ要因が大きい。また、多くの人々が自然とあらためて向かい合い、自然界の中で生きる喜びや楽しみを再認識しようとする姿勢が見受けられる。これらのスポーツ用品市場は、今後も成長が見込まれる。

2 経済の変化や多様なニーズに対応するために

一方で、いわゆるバブル時代に盛んに行われたスキー（スノーボード）用品では、回復の兆しが見えない（**図1**）。積極的に雪山へ行き、スキーやスノーボード等のウインタースポーツを楽しむ人が減っている。経済状況の変化によって家計の消費が抑制され、遠方へと足を運ぶ人が減少していることが示唆される。

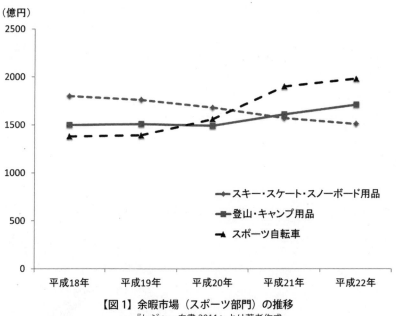

【図1】余暇市場（スポーツ部門）の推移
『レジャー白書2011』より著者作成

TRY!
レジャー産業におけるスポーツ関連市場で、堅調な業績を上げている企業を取り上げ、どのような商品やサービスが提供されているのか、どのような人材教育が行われているのか調べよう。

ゴルフ場（ゴルフ練習場含む）、スキー場、ボーリング場などの収入も減少傾向である。このため経営方針を一新し、同業者と統合したり、業務提携を結んだりして、相互利用可能な施設にする取り組みがある。さらには、公

園や商業施設等が複合的に融合し、例えばテニスをしながらお茶を飲めるカフェがあり、温泉やリラックスできる設備までもが完備されている施設がある。自治体、企業の中には、このような相互的、かつ総合的なニーズを取り込むプログラムを推進している。これは地域住民の日常に、スポーツやレクリエーション活動が根付くことで、「行うこと」と、「観戦すること」の人の流れを作り出すものである。このように、より身近に健康の保持増進や、気晴らしができる機会や場所を増やしていくような街づくりが、人々のレジャーに対する消費意欲を高めることになるのではないだろうか。

　近年では、ボーリング場やスキーリゾートなどが海外進出しようとする動きがあるが、日本国内で提供する（できる）サービスが、そのまま海外で適応できるかどうかは分からない。現地のニーズやブーム、し好を十分検討する必要があるだろう。

- レジャースポーツ産業においてリピーターの確保は重要な要素の1つであるが、どのような工夫が有効であるか具体例を1つ挙げて説明しよう。

- インターネットを利用したレジャースポーツ産業ビジネスの動向を調べてみよう。

11 レジャー・レクリエーション関連団体

1 レジャー・レクリエーション関連団体について

近年、多様なレジャー・レクリエーション活動が展開されるようになってきている。例えば、『レジャー白書』(2011)に取り上げられている活動を列挙してみると、ドライブ、国内観光旅行、外食、映画、音楽鑑賞、動物園、植物園、水族館、博物館、カラオケ、宝くじ、テレビゲーム、トランプ、オセロ、日曜大工、園芸、庭いじり、ピクニック、ハイキング、野外散歩、登山、キャンプ、アスレチック、コンサート、バー、スナック、写真撮影、書道、ジョギング、マラソン、ウオーキング、ダンス、フットサル、水泳、釣り、ペット、バーベキュー、スポーツ自転車、遊園地、ゴルフ、乗馬、ファッション、料理、スキー、スノーボード、野球、パソコン、スポーツ観戦……と実に多彩である。これらは、①スポーツ、②趣味・創作、③娯楽、④観光・行楽、と大別することができ、人々がどのように余暇を過ごしたいと考えているのか、また、どのような施設や機会が求められているのか、などを垣間みることができる。

このような多くの活動が存在している中で、その活動を取りまとめて関連情報の提供や共有、資格の認定などの活動を行っているレジャー・レクリエーション団体も多数存在している。ここでは、そのような団体をいくつか紹介する。

1. 公益財団法人日本レクリエーション協会

日本レクリエーション協会のルーツは厚生省の外郭団体として発足した日本厚生協会にある。その後日本厚生運動連合、日本レクリエーション協議会と改称を重ね日本レクリエーション協会に至る。

日本レクリエーション協会は次のような事業計画のもとで活動を行っている。①国民一人ひとりが真の笑顔の実現に主体的に参画することを促す啓

> **TRY!**
> 左記の活動を担当する関連団体をいくつか挙げて協会がどのような取り組みを行っているか調べてみよう。そして、どのようなライセンスや資格を認定しているのか調べてみよう。

発活動の展開、②地域、福祉、企業、家庭等社会各層で笑顔を支える支援者を育成・支援、③笑顔を支える支援者が結集し、支え合い力量を高め、事業を行う組織の育成・支援、④笑顔を実現しやすい社会の仕組みづくり（ソーシャル・アクション）の展開、⑤財政基盤、事務局機能の強化

（設立：1947年10月　http://www.recreation.or.jp/）

2. 社団法人　日本ウオーキング協会

ウオーキング大会情報の検索、ウオーキング教室情報、ウオーキング指導者養成情報、ウオーキング指導者派遣の案内、ウオーキング仲間との出会い、イベント情報やグッズ情報の提供などの活動を行っている。

所管官庁：環境省・厚生労働省

（設立：1964年10月　http://www.walking.or.jp/）

3. 財団法人　日本ゲートボール連合

ゲートボールの普及及び指導、審判員の養成及び資格の認定、講習会の開催及び指導者の養成、国内大会及び国際大会の開催、国際的大会への代表者の選考及び派遣、競技規則の制定、用品の研究調査及び認定、刊行物の発行などの活動を行っている。

所管官庁：文部科学省

（設立：1984年12月　http://www.gateball.or.jp/）

4. NPO法人　日本ティーボール協会

野球・ソフトボール・ゴルフの底辺拡大、プロスポーツとアマチュアスポーツの人的交流の実現、自律的なスポーツ愛好者の育成（指導者育成）、ティーボールを通した子どもたちの国際交流の推進などの事業を行っている。

（設立：1993年11月　http://www.teeball.com/）

5. 公益社団法人　日本キャンプ協会

キャンプの普及と振興に関する啓発活動、キャンプの普及と振興に関する指導者の養成、キャンプの普及と振興に関する研修会・講習会・セミナーの開催などの活動を通して国民の心身の健全な発達に寄与することを目的としている。

（設立：1966年4月　http://www.camping.or.jp/）

6. 財団法人　日本健康スポーツ連盟

厚生労働大臣認定健康増進施設の調査・研究、「健康日本21」における健康づくり事業の推進、指導者の専門知識および技術の向上のため研修会等の実施、指導者のビジネス能力向上のための研修会等の実施、健康づくりイベントの企画、健康づくり関連コンテンツの企画・制作・支援（ホームページ、ビデオ、書籍）などの活動を行っている。これらの活動から、健康スポーツの普及を図り、健康スポーツ産業の振興や健康スポーツの技能育成の促進によって健康スポーツ活動の基盤を整備し、国民の健康推進や体力づくり、国民生活の向上に寄与することを目的としている。

所管官庁：文部科学省・厚生労働省

（設立：1987年10月　http://www.kenspo.or.jp/）

7. 財団法人　スポーツ安全協会

スポーツ活動及び社会教育活動の普及振興に関すること、スポーツ活動及び社会教育活動における事故防止の推進に関すること、スポーツ活動及び社会教育活動を行う者のためのスポーツ傷害等の団体保険契約の締結及びこれに伴う保険契約者としての業務に関することなどの活動を行っている。また、スポーツ活動および社会教育活動の普及奨励を図り、安全の確保に関する事業、活動に伴って生じる各種事故に対処するための事業等を行って、スポーツ及び社会教育の振興に寄与することを目的としている。

所管官庁：文部科学省

（設立：1970年12月　http://www.sportsanzen.org/index.html）

8. 一般財団法人　休暇村協会

国立公園、国定公園等の利用及び保健休養のための宿泊施設を核とした休暇村を、低廉な料金で一般の利用に供するとともに、自然とのふれあい及び保健休養に資するその他の事業を行うことにより、人と自然が共生する地域の振興及び健康で文化的な生活の増進に寄与することを目的としている。休暇村の設置経営及び類似宿泊施設等の経営、自然公園法に定める施設の受託管理、地域の自然環境に関する情報の提供及び地域の自然とふれあう機会の提供などの事業を行っている。

（設立：1961年12月　http://www.qkamura.or.jp/）

9. 全国福祉レクリエーション・ネットワーク

全国イベントを開催すること、福祉レクリエーションに関するセミナーを開催すること、福祉レクリエーションに関する理論と方法の調査・研究に関すること、福祉レクリエーションに関する情報の収集と提供を行うこと、地域における福祉レクリエーション活動の支援などの事業を行っている。すべての人の豊かで幸せな生活の実現をめざし、会員相互の連携を基盤として、福祉レクリエーション運動を推進することを目的としている。

（設立：1990年4月　http://www.f-rec-net.gr.jp/）

10. 社団法人　日本ダーツ協会

ダーツの普及及び指導、ダーツの全国的競技会、国際競技会及びその他の競技会の開催並びに国際競技会への選手派遣、ダーツの競技力向上、ダーツの指導者の養成、ダーツに関する競技規則の制定、ダーツに関する出版物の刊行、ダーツの競技場の公認及び競技機材の認定などの事業を行っている。わが国におけるダーツ界を代表する団体として、ダーツの普及及び振興を図り、国民の心身の健全な発達に寄与することを目的としている。

所管官庁：文部科学省・厚生労働省

（設立：1975年1月　http://www.darts.or.jp/）

11. 社団法人　全国子ども会連合会

子ども会活動の指導及び育成、子ども会活動に従事する指導者及び育成者相互の連絡提携、子ども会活動の指導者の養成及び研修、子ども会活動充実のために必要な調査研究及び資料の刊行、子ども会活動の充実振興のための関連団体機関との連絡協力、子ども会安全会活動に関する事業などの事業を行っている。子どもの社会生活に必要な徳性の涵養、及び子どもの健全育成に寄与することを目的としている。

（設立1965年6月　http://www.kodomo-kai.or.jp/）

11. 公益財団法人 日本YMCA同盟

YMCAは119の国と地域に展開しており、民間非営利組織（NPO）であり、非政府組織（NGO）である。日本のYMCAは1903年学生YMCAと都市YMCA同盟が合体することで日本YMCA同盟を結成し、世界YMCA同盟に加盟した。活動内容はウェルネス、チャイルドケア、オルタナティブ教育、国際協力、ボランティア、高齢者支援、専門学校の運営、語学、Japanese Language School、生涯学習、発達障がい児支援、宿泊施

設の運営、学生 YMCA など多岐にわたる活動が行われている。
(設立：1903 年 7 月　http://www.ymcajapan.org/)

12. 公益財団法人 ボーイスカウト日本連盟

1907 年にボーイスカウトの創始者ロバート・ベーデン・パウエル卿はイギリスのブラウンシー島に 20 人の少年たちを集めて実験キャンプを行った。これがボーイスカウト運動の始まりである。その翌年の 1908 年に日本にボーイスカウト運動が伝わった。当時全国各地にはさまざまな少年団があったが、全国規模の組織の結成への動きが起こり、1922 年 4 月 13 日に「少年団日本連盟」が創立された。その後ボーイスカウト国際事務局に正式加盟し、世界のスカウト運動への仲間入りを果たした。現在では約 14 万人がボーイスカウトに加盟し、次のような事業が行われている。

①ボーイスカウト運動の普及及び広報
②ボーイスカウト運動の教育計画の策定及び運営
③指導者の養成
④国際相互理解の促進及び国際協力
⑤地球環境の保全・保護及びその教育
⑥ボーイスカウト教育の特長を活かした自然体験活動等の推進
⑦教育に必要な施設の提供
⑧集会及び講演会の開催
⑨図書、雑誌等の刊行並びに電子媒体による情報の発信及び受信
⑩教育に必要な用品の調製及び供給
⑪その他目的達成のために必要な事業
(設立：1922 年 4 月　HP：http://www.scout.or.jp/org/)

この他にも、多くのレジャー・レクリエーション関連団体が活発に活動している。近年ではほとんどの団体がホームページ等で情報を公開しているので、興味関心に沿って有用な情報を得ることができ、実際に参加の動機づけを高めてくれる。

・法人格を取得している団体とそうでない団体があるが、どのような違いがあるのだろうか。

Part 2
レクリエーション理論

これからのレジャー・レクリエーション

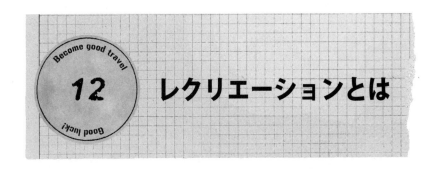

12 レクリエーションとは

レクリエーションの語源はラテン語の recreare である。「回復」、「つくり直し」の意味を持つ。派生して今日使われているレクリエーションとなった。

初めて教育の実践の場にレクリエーションを取り込んだのは、『大教授学』を著したコメニウスである。彼は、一定の学習時間の後には、疲労回復のための時間が必要であるとして、休み時間を規則的に設け、教育効果を上げるべきだと力説した。これが現在の学校教育における時間割の中の、休息に対する基本的な考え方となった。これは労働にも当てはまり、一定時間の仕事の後、休養を与えることで作業効率が上がることを意味している。

概観してみるとレクリエーションを規定するには、自由時間、すなわちレジャー時間が不可欠である（レジャー時間については Chapter1 を参照）。本章では特に戦前（戦時下）の厚生運動と占領下のレクリエーション運動について触れる。

1 戦前の厚生運動（レクリエーション）

レクリエーションが厚生運動と呼ばれる前の明治初期には、「復造力」という訳語が使われていた。その後「道楽」「慰楽」「閑暇利用」といった用語が使われるようになった。そのような中、一部の YMCA（Young Men's Christian Association：キリスト教青年会）関係者のみが、「レクリエーション」の語を正確に理解していた。その一人として R・L・ダーギン（Russell L. Durgin）が挙げられる。彼は 1919 年に日本 YMCA 同盟名誉主事として来日し、以後 30 年にわたり日本人に沿った YMCA 活動をはじめ、世界厚生会議などで活躍した人物である。

1920 年代当時の YMCA では、キャンプ、グループ活動、クラブ活動をレクリエーションとは呼ばず、「団体遊戯」と呼んでいた。その後、日本に

教育職に就く人は一読を勧める。
コメニウス／鈴木秀勇（訳）『大教授学』明治図書（1962）

recreation の原義は "再創造" "回復" である。

『世界大百科事典 第二版』

R.L. ダーギンについては、成田久四郎『社会教育事典』日本図書センターに（1983）紹介

レクリエーションを学ぶ学生は YMCA、YWCA の歴史から観ることも必要。
【資料】斉藤実『東京キリスト教青年会百年史』財団法人東京キリスト教青年会出版（1980）

おいて「レクリエーション」という用語の捉え方が問題となったのは1932年のことである。この年の7月、第10回ロサンゼルスオリンピックが開催されたが、大会直前、同市で"The First World Recreation Congress"がアメリカのレクリエーション関係者により実施された。この大会の名称を日本では、「第一回世界厚生会議」としている。磯村英一は「……この意味に於て所謂『厚生運動』を以って直ちに欧米の『慰安娯楽運動（レクリエーション）』の再現なりと考へたり……」と書いている。

　レクリエーションという片仮名表記を避けた背景には、国際的な政治的理由がある。それはロサンゼルスの世界厚生会議以後、ベルリン、ローマ、東京と枢軸国中心に展開されたことでも理解できる。

　第11回ベルリンオリンピック直前の1936年にハンブルグで、「第2回世界厚生会議（7月23日～30日）」がドイツ労働戦線の「Kdf；Kraft durch freude（歓喜力行団）」の指導の元、開催された。

　このハンブルグの第2回世界厚生会議が成功裏に終わったことから、オリンピックと分離し、オリンピックの力を借りることなく独自に歩むことが宣言された。この結果、世界厚生会議は2年ごとの開催となり、次は1938年にローマで開催することとなった。会議終了後、ドイツ側から厚生運動に関わる国際評議委員会（International Advisory Committee）設置の提案があり、会長にアメリカのG・カービー、中央事務局総長にはA・マンタイが選出された。磯村英一は東京市長代理として第12回オリンピック東京開催に向け訪独し、ドイツ総統アドルフ・ヒットラー、IOC会長アンリ・バイエ・ラトゥールと会談した。日本はIOC理事会でアメリカ、イギリス、イタリアなどの支持を取り付け、さらにフィンランドを抑えてオリンピックの東京開催が決定した。当然のことながら国内の関係者は世界厚生会議の開催は東京か大阪に決定するものと考えていた。

厚生省設立と厚生運動

　第2回世界厚生会議の翌年の1937年に、陸軍は壮丁体位の低下に苦慮し、国民体力向上のための機関の設置に動き出した。1937年5月14日、陸軍省医務局は「衛生省」設立案を作成し、発表した。しかし内容の不備を指摘されると、案は取り下げられた。そして、第一次近衛文麿内閣が組閣された同年6月15日に、陸軍省は第二次案として「保健社会省案」を提出し、閣議で了承された。しかしながら枢密院で「社会」という文字は共産党をイメージするとの指摘を受け、中国古典『書経』にある「正徳利用厚生惟和」の「厚生」を採用するに至った。『日本レクリエーション協会20年史』によると「国

平沼亮三はロサンゼルス・オリンピックに日本選手団団長として参加。第一回世界厚生会議の「レクリエーションの夕べ」に出席。アメリカのスポーツ文化に感銘を受けた。
【資料】平沼亮三『スポーツ六十年』慶応出版社（1949）

磯村英一は厚生運動の先駆者の一人で、第12回東京オリンピック誘致に尽力した。
【資料】磯村英一『厚生運動概説』常盤書房（1939）

第12回東京オリンピック誘致の背景が詳しく書かれている。
【資料】橋本一夫『幻の東京オリンピック』NHKブックス（1994）

日本厚生協会の主務官庁厚生省がなぜ設立されたか、分り易く解説している。
【資料】藤野豊『厚生省の誕生——医療はファシズムをいかに推進したか』かもがわ出版（2003）

これからのレジャー・レクリエーション

壮丁体位低下と厚生運動の背景には、キーワードとして総力戦体制がある。
【資料】纐纈厚『総力戦体制研究』社会評論社（2010）

民道徳を正し、日常生活に欠くことの出来ない物資の国益を図り、生活を厚く裕にすることにより、国民相和し、生を楽しませる」ことの重要性を強調した意味が込められている。これらを経て厚生省は、1938年1月11日に設立された。

体力局

1940年に第12回オリンピックが既に東京で開催することが決定していたため、世界厚生会議開催も同時に予定されていた。このため、受け皿となる機関設置が急務となり、1938年4月28日に日本レクリエーション協会の前身である「日本厚生協会」が、厚生省の外郭団体として設立された。日本厚生協会の所管は厚生省の体力局であった。

日本厚生協会は個人会員を認めず、団体会員のみであった。会員は、東京、京都、大阪、横浜、神戸、名古屋の6大都市の他、日本旅行協会、日本観光連盟、日本文化中央連盟、日本山岳会、日本基督教青年会、日本基督教女子青年会、日本児童遊園協会、大日本紡績連合会、大日本海洋少年団、大日本体育協会、大日本連合青年団、大日本連合婦人会、大日本武徳会、全国産業団体連合会、大日本少年団連盟、大日本女子連合青年団、講道館、公園緑地協会、国立公園協会、帝国少年協会、協調会、勤労者教育中央会、奨健会、修養団、生命保険会社協会、などが加盟していた。

藤野、前掲書

TRY!
当時の工場労働の厚生運動と現在の工場労働者のレクリエーションを比較してみよう。
【資料】石神甲子郎「工場の厚生運動」『厚生の日本』Vol.2、No.11

日本厚生協会は、1938年10月1日に厚生運動の指導機関誌として『厚生の日本』を創刊した。この機関誌から厚生運動の実態をみると、ハイキング、体操（特に日本厚生協会が創作した大日本国民体操、大日本青年体操、大日本女子青年体操は、簡便であるとの理由から啓蒙された）は費用もかからず、集団で行うことができ、強く推奨された。バスケットボール、バレーボールは体力向上、団結力養成のため、相撲は心身鍛錬のため、弓道、剣道、柔道は精神修養のために奨励された。また、水泳、陸上競技、卓球、テニス、スキー、スケートなどは少人数でもできるとし、国民体力向上に有効な手段として勧められた。

体力章検定は男子の義務で、非常に難しいことが分かる。
【資料】白山源三郎「第1回体力章検定」『厚生の日本』Vol.2、No.3

第1回体力章検定は1939年10月1日～12月10日にかけ、全国一斉に実施された。当初、対象は15歳～25歳までの男子であった。その後、女子体力章検定、武道章検定が設けられた。体力章検定の目的は国防の充実、産業力の拡充にあった。合格者は履歴書や入試、徴兵検査時、また就職の際などさまざまな場で優遇された。横浜関東学院高等部商業部の場合、受験者323名のうち、初級合格者73名、中級合格者14名、上級合格者は3名であった。体力章検定で合格することはこの数字を見ても明らかなように極めて難

しく、白山源三郎（後の関東学院大学学長）は、初級以下の基準設定を強く提唱した。

生活局

太平洋戦争開戦4カ月前の1941年8月、厚生省の機構改革により、日本厚生協会の所管は生活局に移った。体力局同様、生活局でも国民体力、国民精神の向上を同時に推進していった。臨戦態勢下においては、厚生運動施設が警備防護施設として重要な役割を果たした。例えば、運動場や児童公園は防火空地帯として、水泳場（プール）は防火用水池として、武道場、映画館は罹災者収容場に活用し、海の家、山の家は避難先として利用された。

生活局では国民生活、特に衣食住に関連した事業を中心に行っていたため、人々はその影響を強く受けた。例えば、大人の服を子供用に作り替える方法、食用の野草であるアカザ、アオビユ、クコ、ヒルガオ、ハコベラなどの料理方法といった倹約生活の普及が推進された。この頃になると繁華街には「ぜいたくは敵だ！」のスローガンが掲げられ、女性のパーマも禁止された。

健民局

1943年11月、機構改革により、厚生省内の所管は健民局に移る。この頃になると、戦線は拡大の一途をたどり、戦争は激化していった。当時日本厚生協会で最も力を入れて奨励された種目は、精神を鍛えることを重視した、柔道、剣道などの武道である。警察予備隊訓練部長の松本省吾は「皇軍の白兵の世界無比なることは、周知の事実である……航空先頭に於いても剣道等によって修得せられた精神及技が非常に力あるものである……報国の精神と頑健な体力を練磨する必要がある……そして実践能力を習得せしめる」と、「武道章検定について」に記している。このように武道──特に剣道──は精神修養ばかりか、極めて実戦に役立つ技術であると位置づけられた。

その後、日本の戦局はさらに悪化し、1943年5月29日には、アッツ島の日本軍守備隊2500名が玉砕した。同年9月8日、同盟国イタリアが無条件降伏、続いて8月4日に日本政府は一億国民総武装を決定し、竹槍訓練などが本格化する。さらに1945年5月7日には独軍が無条件降伏し、8月6日広島、8月9日には長崎と相次いで原爆が投下された。ここに至って8月15日に天皇陛下の「終戦」の詔書が放送され、ついに日本は終戦を迎えた。

戦時体制下、陸軍の働きかけにより厚生省が誕生し、その外郭団体として日本厚生協会が設立された。そのため、幅広いスポーツ活動は全て厚生運動という殻の中に封じ込められ、国家目標である壮丁体位の向上、国民体力の

TRY!
当時の日本人の生活はどのようであったのか、調べてみよう。
【資料】大曽根新一「秋の食用野草について」『厚生の日本』Vol.4、No.11

TRY!
体力章検定の武道版である。なぜ武道まで実施されたのか調べてみよう。
【資料】松本省吾「武道章検定について」『厚生の日本』Vol.5、No.12

【資料】大日本体育会編『厚生遊戯』旺文社（1949）
終戦の年、昭和20年に出版された。元日本体育大学学長 栗本義彦、元日本大学教授 吉田清らにより編纂された。この小冊子を拡大解釈して国民に広めようという趣旨。

向上に沿って行われた。そして戦争に勝つこと、銃後の生産性向上の手段として用いられた。その中では今日で言うスポーツ、レクリエーションという個人的な楽しみ、満足感、達成感は存在せず、ただ国家指導の厚生運動やスポーツのみであった。これはレジャー・レクリエーションの国家支配そのものであったと言える。

2　占領下のレクリエーション

GHQの民主化政策

GHQ：General Head quarters（総司令部）/SCAP：Supreme Commander of the Allied Powers（連合国最高司令官）による占領は、1945年8月14日のポツダム宣言の受諾、翌8月15日の昭和天皇の詔書（玉音）放送、そして1945年9月2日に戦艦ミズリーの甲板上で、日本側全権大使が降伏文書に調印して日本降伏が決定した日より始まる。そして1951年9月8日にサンフランシスコで日米講和条約が各国の全権委員によって調印、翌年の1952年4月28日に発行され、日本が事実上独立国家となるまでを指す。ここではこの占領下での、日本のレクリエーションの実情について明らかにする。

GHQ/SCAP最高司令官ダグラス・マッカーサーは、1945年8月30日に厚木海軍飛行場に降り立ち、総司令官として日本占領に当たることとなった。GHQ/SCAPは10月11日、幣原首相に五大改革を指示した。五大改革とは、①婦人の解放、婦人参政権の実現、②労働組合の奨励、労働組合法の制定、③教育の民主化、教育基本法の制定、教育勅語の失効、④圧政的諸制度の撤廃、治安維持法、特別高等警察などの廃止、⑤経済の民主化、財閥解体、農地改革の実施など、日本に対する民主化政策であった。さらにGHQ/SCAPは、日本国政府に対して教育基本政策に関する4つの基本指令を矢継ぎ早に発した。これはその後のレクリエーション、スポーツ体育政策に重要な意味を持つこととなる。

❶ CIE（民間情報教育局）は、「日本教育制度ニ対スル管理政策」と題する指令を1945年10月22付で発令した。その概要は教育に関する基本的な占領政策と目的についてであった。

❷ CIEは「教員及教育関係官ノ調査、除外、認可ニ関スル件」と題する指令を1945年10月30日付で発令した。その概要は、文部省が教員の思想、信条等を審査するための、補助的助言として用いるものであった。

本書は占領下日本の教育について詳しく、分りやすく書かれている。
【資料】児玉三夫（訳）『日本教育——連合国軍占領政策資料』明星大学出版部（1983）

❸ CIEは「国家神道、神社神道ニ対スル政府ノ保証、支援、保全、監督並ニ弘布ノ開始ニ関スル件」と題する指令を1945年12月15日付で発令した。この指令は国家と国家神道の分離を図ったものであった。

❹ CIEは「修身、日本歴史及地理停止ニ関スル件」と題する指令を、1945年12月3日付で発令した。

これらの4つの基本指令の目的は、軍国主義的・極端な国家主義的イデオロギーの普及手段となった教科を廃止し、その代替計画案を提出させ指示したものであった。要するにGHQ/SCAPの政策目的は、軍国主義と極端な国家主義の排除、日本国の民主化の2つにまとめられる。このような教育に関する大枠の中、当時の体育・スポーツ、レクリエーションの取り扱われ方について触れることとする。

児玉、前掲書

GHQ/SCAPのスポーツ、レクリエーション政策

戦後、"Recreation"という語を最初に用いたのは、玉音放送の3日後の1945年8月18日に内務省が設置したRAA: Recreation and Amusement Association（直訳で「特殊慰安施設協会」）である。そして直ちにGHQ/SCAPがその施設設置を許可した。設置理由は、戦後のヨーロッパで米兵による婦女暴行事件が多発したことによる。その被害者総数およそ1万4000名（内ドイツ人1万1040名）、さらにソ連兵によるドイツ人女性への婦女暴行事件に至っては、連合国軍に届けられたものだけでも10万件を超えていた。このような多くの被害者を出さない予防策として、内務省はRAA設置に踏み切ったのである。設置場所は全国で数十カ所に及び、東京銀座にもあったと言われている。その後、RAAはフランクリン・ルーズベルト夫人エレノア・ルーズベルトらの強い反対に遭い、翌年の1946年1月21日に廃止された。当時のスポーツ、レクリエーション関係者は、「こんなところにレクリエーションという言葉を使われたことは本当に不名誉なことだ……」と述懐している。以後、RAAという組織はレクリエーション運動に全く関わりがないとされ、今日に至っている。

ドウス昌代『敗者の贈物』講談社文庫（1995）

占領下時代初期は、レクリエーションの和訳に「厚生運動」を使っていた。このため片仮名表記のレクリエーションをそれ程重要視していなかったことが伺える。『日本レクリエーション協会20年史』には、「レクリエーションという言葉を広く普及するためには適切な日本語に記すに限る。ところがどう考えても、皆で話し合ってみてもぴったりした日本語が出てこない。とうとうそのまま使って途中でよい言葉が発見されたらその時改めようとのことで出発した。後味の悪いことであったが仕方なかった……」と書かれている。

マーク・T・オアは GHQ/CIE（民間情報教育局）教育課のスタッフとして戦後日本の教育に携わった。

マーク・T・オア／土持ゲーリー法一訳『教育改革政策』玉川大学出版部（1993）

GHQ/SCAP の教育基本政策には武道の廃止があった。剣道、薙刀、柔道は、軍国主義者が国家主義高揚の手段として利用したものであるとして、学校から放逐され、さらに学校の後援のもとに校内で練習することも禁止された。GHQ/SCAP は武道具をも処分するよう通達し、学校以外の場所での教授、稽古さえ禁じた。

文部省は1945年11月6日に「発体第80号」を発令し、軍国主義的、国粋主義的精神を高揚するようなスポーツ、競技、遊戯、及び行事を学校で行うことを禁止した。その代わり学生が自由に行うことのできる競技を規定している。器械体操、走跳投競技（陸上競技の意味）、テニス、相撲、ハンドボール、サッカー、フットボール、野球、バスケットボール、バレーボール、水泳、スキー及び音楽運動である。

相撲は当初、武道の中に組み入れられていた。しかし戦前から娯楽として国民の間で野球同様の人気スポーツであったため、日本相撲協会はGHQ/SCAPと交渉を続け、昭和20年11月に秋場所を実施することができた。

文部省は映画と視覚教材を用いての教育に着手した。そこで戦時中、日本政府が没収したアメリカの教育映画が再活用された。その中には「グレーシャー国立公園」や「イエローストーン国立公園」などのタイトルがあった。

CIE長崎民間教育担当官で米国人ウィンフィールド・P・ニブロ（Winfield P. Niblo 1912-2007）は、1946年12月にスクエアダンスを紹介した。1947年には長崎県下に普及し、同年9月には九州一円から体育指導者が集まり、民事部で3日間の講習会が開催された。以後コンクールが開かれるまでに拡大していった。

日本厚生協会設立から占領下のレクリエーション、その後のレクリエーション運動の概要が詳しく書かれている。
【資料】日本レクリエーション協会『日本レクリエーション協会20年史』（1966）

文部省もこれを推奨すべき具体的なレクリエーション種目として採り上げ、1948年には全国的な講習会を開催した。当時文部省振興課長の栗本義彦（後の日本体育大学学長）は長崎まで赴き、スクエアダンスを学び、率先して各地をまわり普及に努めた。こうしてスクエアダンスは爆発的な勢いで全国に広まっていった。1949年頃になると、レクリエーションといえばスクエアダンス、スクエアダンスといえばレクリエーションと言われるまでになった。レクリエーション＝スクエアダンスという図式がここに成立した。

3　協会の成立とレクリエーション大会

戦後、レクリエーション運動を積極的に進めるため、全国組織を立ち上げる動きが始まった。そして1946年9月に日本厚生運動連合が、文部省と厚生省の共同管理組織として成立した。戦前の学校体育は文部省が、社会体育

PART 2　レクリエーション理論
Chapter12　レクリエーションとは

行政は厚生省がそれぞれ担っていたが、戦後は社会体育行政、労働者の体育・レクリエーションも一括して文部省が所管する方向で進められた。

　第1回国民体育大会秋季大会は終戦の翌年、1946年11月1日～3日にわたり関西一円で行われた。この開催は戦後のスポーツ・レクリエーションにとって大きな弾みをつけた。というのは、兵庫、大阪、京都、滋賀、奈良で陸上競技をはじめとするさまざまな種目が、分散開催されたからである。このことは国民がスポーツを身近に感じるきっかけとなった。

　第2回国民体育大会は1947年10月30日～11月3日にわたり、石川県金沢市を中心に開催された。大会期間中に日本厚生運動連合の活動方針が、文部省、厚生省の関係者間で話し合われた。そして今後のレクリエーション運動の振興方策の協議の結果、有名無実となっていた日本厚生運動連合をより一層組織的なものにしようと、第1回全国レクリエーション大会開催が決定し、各都道府県関係者に呼び掛けられた。国民体育大会に相乗りという形を取ったのも、全国レクリエーション大会の開催だけでは、参加者を集めにくいと考えられたからである。こうして第2回国民体育大会の直前の10月27日～10月29日に、第1回全国レクリエーション大会が実現した。以下、毎年開催された全国レクリエーション大会の概要を、『全国レクリエーション大会沿革（抄）』から占領下時代に限り解説する。

第1回全国レクリエーション大会は期待と相俟って、大きな注目を集めた。
朝日新聞社説（1947年10月29日）
北国毎日新聞（1947年10月30日）

　第1回全国レクリエーション大会での協議事項は次の3項目である。議題の中心は協会をいかに立ち上げるかであった。

①県、市町村及び職場にレクリエーション組織をつくること
②全国組織を整備すること（日本厚生運動連合を組織して日本レクリエーション協会を組織すること）
③レクリエーション運動の普及促進

現在のところ、このリーフレットが最も占領下の全国レクリエーション大会について詳しく書かれている。
【資料】日本レクリエーション協会『全国レクリエーション大会沿革（抄）付　第1回アジアレクリエーション会議』（1961）

　この大会の最大の焦点は、日本レクリエーション協会の設立であった。労働組合代表の参加者から中央組織をつくるのではなく、まず下部組織の市町村、都道府県単位のレクリエーション協会を結成し、その後、中央組織である日本レクリエーション協会を設立すべきであるとされた。結果、都道府県協会をまとめるための組織、さらに組織結成を促進させるための組織が必要と認められ、「日本レクリエーション協議会」の名称で全国組織が発足された。

　この大会では、レクリエーション運動種目として、スクエアダンス、ホースシューズピッチング、シャッフルボード、ソフトボール、ゴールハイ、軽スポーツなどの他、音楽、劇などのアトラクションが盛り込まれた。また検

討事項として、次の諸問題が取り上げられた。

①労働組合とレクリエーション運動
②戦災地とレクリエーション運動
③レクリエーション運動としての社交ダンス
④レクリエーション運動の原理と内容
⑤レクリエーション協会と運営
⑥青少年防犯とレクリエーション

　第1回全国レクリエーション大会は参加者50名と小規模であったが、今日の日本レクリエーション協会の礎となる大会であった。

第2回全国レクリエーション大会

　第2回全国レクリエーション大会は、1948年10月3日より3日間にわたり第3回国民体育大会と同時開催された。このとき財団法人として文部省より正式に認可（1948年3月9日）された「日本レクリエーション協会」が主催し、福岡県レクリエーション協会の主管で開催された。国民体育大会と同時開催ながら参加者は100名程であったが、各都道府県において漸次地方協会結成の気運が高まりつつある大会であった。協会が1948年に財団法人の認可を受けた背景には、2.1ゼネスト（結果的には中止）の存在がある。2.1ゼネストは単なる賃上げ要求を超え、共産主義革命を匂わすような声明を産別（全日本産業別労働組合会議）と総同盟（日本労働組合総同盟）から発していた。したがって第1回大会の労働組合の意見を無視した形となった。

　大会内容に地域、職場のレクリエーション活動の普及啓蒙についての研究討議があり、これを踏まえて次の要望事項が決議された。

①全国レクリエーション大会を、国民体育大会と別に開催すること
②春秋二季にレクリエーション週間を設定すること
③子供によい遊びを与える運動を興すこと
④世界レクリエーション会議を日本で開催するよう呼びかけること
⑤レクリエーション施設と用具を整備充実すること
⑥機関紙を発刊すること
⑦指導者養成を図ること
⑧ラジオ体操を制定し放送するよう努力すること
⑨スクエアダンスを普及すること

本大会期間中、福岡市を中心に軽スポーツ、スクエアダンス、フォークダンス、郷土芸能などのデモンストレーションが行われ、大会参加者と市民、数千名が参加した。これは前年の石川大会とは比較にならないほどの参加人数である。背景には当時長崎で活動していたウィンフィールド・P・ニブロの影響拡大があった。

第3回レクリエーション大会

第2回大会で全国レクリエーション大会の自主性をより高めるべきと、国民体育大会と同時開催を止めるよう決議されたが、準備が捗らず結局1949年10月26日〜29日に、第4回国民体育大会と並行して東京で開催された。

主催は日本レクリエーション協会と東京都で、日本赤十字講堂、学習院、芝スポーツセンターを会場に、予算252万1000円を計上して行われた。この第3回大会の特徴は、❶アメリカのレクリエーション協会（National Recreation Association）からメッセージを受け、国際的にわが国のレクリエーション運動が認められたこと、❷衆参両院議長、総理大臣などから祝辞を受け、政治的、社会的にもレクリエーション運動の気運が高まったこと、❸本大会よりレクリエーション優良団体の表彰を始めたこと、❹デモンストレーションとして子供の音楽会、レクリエーション議会、全国芸能大会、国際レクリエーションの夕べ、全国スクエアダンス、コンクールを盛大に行ったこと、❺宣言、建議などを行って社会にレクリエーションの必要性を訴えたこと、などが挙げられる。

本大会の宣言は次に示す通り、当時のレクリエーションに対する強い意気込みが感じられる。

宣　言

　終戦後4年は過ぎた。わが国は経済的精神的な混乱から年毎に脱却しつつあるとは言え、尚未だしの感が深いのである。

　この秋に当り、健全明朗なレクリエーション活動の進展を促すことは、国民の幸福に寄与するところ甚だ大であることを、第3回レクリエーション大会は再認識して、益々この運動の飛躍的な推進に邁進することを宣言する。

　　　　　　　　　　　　　　　　　　　　　昭和24年10月29日
　　　　　　　　　　　　　　　　　　　　　第3回全国レクリエーション大会総会

第4回全国レクリエーション大会

　第4回全国レクリエーション大会は1950年7月24日～27日の間、帯広市で北海道と日本レクリエーション協会の共同で開催された。第1回大会から第3回大会までは、国民体育大会と同時開催であり、「国体とセットの催し物」と考えられていたため、かえって大会が盛り上がらないのではないかと心配され、独立した大会開催が待ち望まれていた。しかし、大会経費と参加者の増員がどの程度見込めるのか全く見当がついていなかったため、容易に踏み切れていなかった。

　この当時、幸いなことにレクリエーション運動についての全国的な関心が高まりつつあった。さらに同年日本レクリエーション協会総裁に三笠宮殿下が就任された。このニュースは関係者にとって大きな励みとなった。こうして、三笠宮殿下御夫妻をお迎えし、開催地以外にも熱意が伝わり、予想以上に盛大な大会が開催されたと『全国レクリエーション大会沿革（抄）』で報告している。三笠宮殿下御夫妻が参加されるのなら、同じ列車、同じ青函連絡船で、参加したいという希望者もあったという。

　第4回大会の特色は次の通り。

①全国から約1000名、地元を加えると数千名の参加者があった。
②米国レクリエーション協会からフィッシャー夫妻が代表として参加し、他在日米国人数名も加わり日米レクリエーション協議会が持たれたこと。
③分科会と文科協議会が持たれ、その協議内容、研究発表ともに具体的で、内容に深みを加えたこと。
④大会宣言、日米レクリエーション協議会の世界平和宣言、国会、政府に対する建議など多くのアピールがなされたこと。

　また本大会で特筆すべき事項として、M・フィッシャー博士による特別講演「デモクラシーとレクリエーション」があった。

当時はアメリカ流の「民主主義」と「平和」がもてはやされた時代で、事あるごとに、「デモクラシー」と「レクリエーション」のキーワードが使われた。

第5回全国レクリエーション大会

　第5回全国レクリエーション大会は1952年8月2日～7日までの5日間にわたって、和歌山県の高野山と和歌山市で開催された。

　文部省、日本レクリエーション協会、和歌山県、和歌山県教育委員会の四者共同主催となり、総経費424万4210円で開催された（特記事項に、文部省が今大会から委託費として95万を計上したことが挙げられる）。

　本大会の特色は次の通りである。

①文部省が大会の経費を分担することとなって、大会及びレクリエーション運動が国民的に広まったこと。
②宗教とレクリエーションの関係が新しい問題として登場したこと。
③レクリエーション活動の一部として、手工芸品の展覧会が催され、米国からも手芸品の寄贈があったこと。
④会期の後半が、観光を兼ねた地方会場で行われたこと。
⑤レクリエーションの歌を募集し、当選作『若いあこがれ』の発表と指導が行われたこと。

本大会期間中、日本駐在の米国人（ニューヘルド、コーコマルド、ガボットの各氏）と、日本側委員とを交えた日米国際会議が行われた。その他、日本 YMCA 会長斉藤惣一（1886-1960）による「レクリエーションについて」の公演が行われた。

この全国レクリエーション大会を通じて、世界レクリエーション会議を日本に招致したいという声が高まった。その背景には、日本は真の平和国家となり国際社会に復帰したいとの思いがあった。

占領下日本レクリエーション協会を取り巻く背景

第1回日本レクリエーション協議会が成立したわずか4カ月後の1948年3月9日に、財団法人日本レクリエーション協会が発足したのは先述のとおりである。このとき関係者は協会設立に向け、強い関心を持っていたことが伺える。当時の社会的背景をみるとそのことがよく理解できる。

1947年1月1日に吉田首相は、ラジオの年頭の辞で労働組合運動の指導者を「不逞の輩」と非難した。1月31日にはGHQ／SCAPは「2.1ゼネスト中止」命令を出した。これらを踏まえ、当時の協会関係者は労働組合運動が、GHQ／SCAP、日本国政府側に立っていないことを察知し、第1回大会の決議を無視、設立に踏み切ったものと考えられる。

占領下におけるレクリエーション運動は、ウィンフィールド・P・ニブロの存在抜きには考えられない。彼はGHQ/CIE民間情報教育官として来日し、1946～1948年にわたり長崎軍政府教育官として赴任、教育制度改革を指導した。学制改革時に旧制中学、高等女学校を男女共学へと移行させたのは彼の業績である。

彼は1946年秋、県幹部との余興をきっかけに「スクエアダンス」を伝えた。男女が手を取って一緒に踊ることは、男女平等、民主主義の「シンボル」として普及に弾みがついた。以来、佐世保市にあるハウステンボスでは、今日

までの毎年4月「ウィンフィールド・P・ニブロ記念佐世保ハウステンボス・フォークダンス・フェスティバル」が開催されている。

　以上を大まかにまとめると、占領下のレクリエーション運動は、GHQ/SCAPによって日本を民主化させる政策手段として利用されたといえる。その証拠として、戦時中軍部によって奨励された武道——特に剣道や薙刀——は禁じられた。一方、野球、テニス、バレーボール、バスケットボール、水泳など、欧米で広く行われているスポーツは奨励した。1945年11月18日、GHQ/SCAPによって接収された神宮外苑野球場を借用して、早くも全早大対全慶大対抗野球戦が行われている。さらに同年11月23日には同じく神宮外苑野球場でプロ野球東西対抗戦も行われた（13対9で東軍の勝利）。GHQ/SCAPは日本国民全体が沸き立つようなスポーツの振興に対して、熱心で寛大であった。

4　レクリエーションの体系化

　アメリカにおけるレクリエーションの萌芽は、19世紀終わりから20世紀にかけてのジョセフ・リー（1862-1937）を中心とした、裕福な社会福祉家のプレーグラウンド運動による。このプレーグラウンド運動創始者である彼は1886年、ボストンに子供のためのサンドパーク（Sand Park：砂遊び場）を設置した。これを契機に以後、サンドパーク運動が全国へと拡大していった。サンドパーク運動は後に、Playground Association of America (1906)、National Recreation Association (NRA) (1930)へと発展を遂げた。1932年第1回世界厚生大会は、このNRAの主催のもとに開催された。

　アメリカではこの頃までレクリエーションの体系化がなされていなかった。当時出版された書籍を見てもレクリエーションは、心理学、教育学、哲学、体育学などと結びついて論じられていた。例えばL・H・ギューリック『遊びの哲学』（1920）、ジョセフ・リー『遊戯の教育学』（1915）、L・P・ジャックス『レクリエーションの教育学』（1932）など。

　1940年、G・D・バトラー（1894-1984）は『レクリエーション総説 Introduction to Community Recreation, McGraw-Hill』第一版を刊行した。本書の特性はレクリエーションを中心に据えて、レジャー・レクリエーションとの関連領域、哲学、行政サービス、リーダーシップ、施設、プログラムなどの分野と関連付けて論じているところである。

　『レクリエーション総説』第三版の目次は次頁の通り。

第1部　レクリエーション——その性格、範囲、および意義
　第1章　レクリエーションとは何か
　第2章　レクリエーションの重要性
　第3章　レクリエーションを提供する諸機関
　第4章　レクリエーション——地方行政機関の役割
　第5章　アメリカにおける市営レクリエーションの歴史
第2部　指導（リーダーシップ）
　第6章　レクリエーション指導
　第7章　レクリエーション部局の職員
　第8章　レクリエーション指導者の養成
　第9章　指導教員の選択と維持
　第10章　レクリエーション局での有志による奉仕的仕事
第3部　地域と施設
　第11章　レクリエーションのための都市計画
　第12章　レクリエーション地域の設計と設備
　第13章　特殊な地域と建物の設計
第4部　諸活動と計画の立案
　第14章　レクリエーション活動
　第15章　プログラム作成の原理と方法
　第16章　レクリエーション活動の組織化と指導
第5部　レクリエーション地域と施設の運営
　第17章　児童遊園の運営
　第18章　レクリエーション館と屋内センターの運営
　第19章　レクリエーション施設の運営
第6部　プログラムの諸様相と奉仕活動
　第20章　美術と工作
　第21章　運動競技、ゲーム、スポーツ
　第22章　演劇
　第23章　音楽
　第24章　自然研究、庭いじり、野外活動
　第25章　その他の活動形態
　第26章　特定なグループへの奉仕活動
　第27章　地域社会における典型的なレクリエーション計画
第7部　組織と管理上の諸問題
　第28章　地域レクリエーションの法律的側面
　第29章　都市のレクリエーション組織
　第30章　レクリエーション部局の組織
　第31章　レクリエーションの財政
　第32章　記録、報告と調査
　第33章　広報
　第34章　公私団体との協力関係

出版当時、本書の内容は画期的とされた。この目次に注目してみよう。第1章「レクリエーションとは何か」は「レクリエーション哲学」という学科目になり、第3章「レクリエーションを提供する機関」は「レクリエーションの組織論」になった。さらに「レクリエーション——地方行政機関」は「レクリエーション管理学」になるなど、多くの項目が学問領域になった。その後、各々の大学の専門科目へと発展していった。

この本の出版後、（ヨーロッパや太平洋での）終戦の混乱からアメリカの国内が一定の安定を取り戻すと、大学ではレクリエーション学部、学科が堰を切ったように創設された。例えば、イリノイ大学、インディアナ大学、オレゴン大学などの多くの州立大学である。オレゴン大学（University of Oregon）では、健康、体育、レクリエーション、ダンス学部（College of Health, Physical Education, Recreation and Dance）が開設された。

『レクリエーション総説』の翻訳者である三隅達郎（当時、国際キリスト教大学教授）は「訳者として」の中で次のように書いている。「……昭和24年6月GHQ労働課勤務の知人J・D・フーバー氏（当時米国労働省勤務）が帰国にあたって、記念として取り寄せてくれたのが本書の第二版であった。当時入手困難であったアメリカの図書、しかもレクリエーションに関する図書をもらい、私は夢中になって読み、友人に貸したりして喜びを分かち合った……」。J・D・フーバー氏は労務管理の専門家であると考えればレクリエーションについて熟知していたと考えられる。したがって三隅は、当時としては最新の体系化された書籍を手にしたことになる。

レクリエーションを体系化した最初の書籍である。
【資料】G.D.バトラー／三隅達郎（訳）『レクリエーション総説』ベースボールマガジン社（1962）

5 レクリエーションの特質

レクリエーションを構成する要素は限りなく挙げられる。構成要素として取り上げる項目はその活動の参加者自身や彼を取り巻く社会的、文化的背景によって異なるので厳密に言えば一概には決められない。しかし今日欧米人も日本人もほぼ同様な価値観を有しているので、レクリエーションを定義化、概念化する場合の基本的見解としてH・D・メーヤーの考えを通して紹介したい。

H.D.Meyer, C.K.BRIGHTBILL and H.Diedrich, *Community Recreation A Guide to Its Organization*, Prentice-Hall, 1969

①レクリエーションは活動を含むものである。キャンプをする、野鳥を観察する、ジョギングをするなど、これらはすべて活動である。クイズや読書などは身体を動かさないので一般的には活動とみられていないようだが、精神的活動（mental activity）の範囲内で捉えられる。

PART 2　レクリエーション理論
Chapter12　レクリエーションとは

②レクリエーションは唯一の形態があるわけではない。活動の選択は、実行しようとする者の興味、好みによって決まる。したがって、ある者にはスキーが、また別の者にはチェスがレクリエーションであるというように、1つの活動のみがレクリエーションであるとはいえない。

③レクリエーションは動機によって決定される。活動がその人にとってレクリエーションであるか否かは、その人の動機や態度による。例えば、サラリーマン・ゴルファーにとって、休日にプレーすることは楽しみであろう。しかし休日を読書で過ごそうと考えているとき、ゴルフに誘われたらどうだろう。それは彼にとってむしろ苦痛になってしまうだろう。

④レクリエーションは非義務的時間（余暇）に行なわれる。生計のための労働時間、睡眠あるいは身のまわりの世話などの生理的必要時間のような、拘束された時間以外の余暇時間にレクリエーションは行われる。

⑤レクリエーション活動に参加することは本人の自由意思による。レクリエーションは本人の自由意思で選択され、追求されるべきものである。

⑥レクリエーションは広く実行され、さらに追求される。レクリエーションは特定の人々のためにあるのではない。レクリエーション活動の種類、あるいは楽しみ方などに違いはあるが、余暇を楽しもうという姿勢はすべてに共通している。したがって幼児も、少年少女も、青年も、大人も、老人も好みの活動を選び、また楽しみ方も状況に応じて変えたりして、これに参加できるものである。

⑦レクリエーションはまじめな、目的ある活動である。活動に没頭している人は、その活動に価値を見つけ、まじめに追求する。したがって没頭することは、その活動それ自体が目的なのである。

⑧レクリエーションは柔軟性を持っている。レクリエーションはステレオタイプなものではない。レクリエーションは、時間、場所、天候、参加者などいろいろな状況に即応しなければならない。

⑨レクリエーションは副産物をもたらす。ここでいう副産物とは報酬のことではなく、活動を通して必然的に得られる精神的、社会的所産で、知性的、身体的発育を育み、さらに、健全で健康な市民を形成することである。

　以上、レクリエーションの構成要素について簡単に触れてきた。しかし、レクリエーションとは一層複雑で多義にわたって、一言で説明できないことが分かる。レクリエーションをどう考えるかについては明確な定説があるわけではないのである。
　H・D・メーヤーのレクリエーションの特質については2つの見方がある。

1つ目は、レクリエーションをスポーツや手芸工作などの活動の総体としてみること、2つ目は、楽しさ、充実感、満足感などの個人的経験としてみること、である。前者は労働などから解放されたレジャー時間に営まれる活動全体を指す。これに対して後者はレジャー時間、自由時間を規定せず、個人的な快の状態、快経験としてとらえられる。これを端的に解釈するならば、仕事をすることもレクリエーションになる。例えば良い仕事が完結して上司や仲間から賞賛され、充実感で一杯のとき、彼にとってそれは最大の喜びであろう。したがってレジャー時間に営まれるスポーツなどレクリエーションの諸活動は客観的に形態としてとらえやすい。一方、さまざまな活動や行動によって経験された充実感、満足感などは個人的なもので、主観的で内面的経験のため、形態としてとらえにくい。こうしてみると、レクリエーションは客観的形態と主観的経験の複合概念であるといえる。

6 レクリエーション活動の種目

レクリエーション活動について『遊技大事典』では2550種目を取り上げ、遊び方を詳細に紹介している。一方、『レクリエーション事典』では95種目を取り上げ、つまびらかに教え方、楽しみ方を解説している。ただ、レクリエーション活動種目を多く知っていたとしてもあまり意味をなさない。レクリエーション指導者は対象者（小学生、中学生、高校生、成人、高齢者、男女などの体力、成熟度、知的水準などを含め）を考慮し、レクリエーション活動の選択をしなければならない。そのために個々のレクリエーション種目をいくつかのカテゴリーに分類する必要がある。そして指導者は対象者によって、分類された中から適宜活動を選び出し、提供することになる。

レクリエーション活動の分類を最初に紹介したのは，G・D・バトラー／三隅達郎訳『レクリエーション総説』(1958)である．その後、H・D・メーヤー、C・K・ブライトビル『Recreation Administration』(1966)、日本レクリエーション協会編『レクリエーション事典』(1971)、そしてP・ファーレル、H・M・ランダーグレン『レクリエーションプログラムのプロセス』(1978)と続いた。

当時の代表的な分類方法を2つ紹介してみる。これらの方法は1つ1つのレクリエーション種目を、漏れなく定められたカテゴリー別に分類するようデザインされている。

以下G・D・バトラーと日本レクリエーション協会の分類をみてみる。

中島海『遊戯大事典』不味堂 (1957)

G.D.バトラー、前掲書

PART 2 レクリエーション理論
Chapter12 レクリエーションとは

【表1】G・D・バトラーの分類

1	活発なゲーム・スポーツ活動：構成の簡易なゲーム、1人または2人組の活動、体操及び巧技、チーム・ゲーム、スポーツ
2	社交的活動：晩餐会、トランプ、パーティなど
3	音楽的活動：声楽（合唱、唱歌遊戯）器楽（ピアノ、ギターなど）演奏（オペラ、演奏会など）。その他（作曲、鑑賞、研究など）
4	手工芸：木工、金工、版画、陶工、印刷、紙細工、革細工、編み物、模型製作など
5	劇的活動
6	ダンス
7	自然的及び野外的活動：狩猟、魚釣、キャンプ、ピクニック旅行、自然研究
8	知的、言語的活動：読書会、討論会、談話会、講演会、クイズ、数遊び、パズルなど
9	収集：切手、貨幣、古美術館、玩具、陶器など
10	奉仕活動

　G・D・バトラーの分類法（**表1**）はアメリカで行われたものなので、実際日本とは文化的背景が異なっているとし、日本レクリエーション協会は次の分類法を発表した（**表2**）。内容としてはG・D・バトラーと大きく変わるものではない。同協会では日本固有の諸活動、例えば茶道などわが国の伝統的活動、諸行事を考慮した。

【表2】日本レクリエーション協会の分類

1	スポーツ	8	美術・工作・手芸活動
2	ゲーム	9	知的・文学的活動
3	野外活動（自然研究、鑑賞を含む）	10	パーティー・集会
4	ダンス	11	観光・旅行
5	音楽的活動	12	年中行事祭礼
6	演劇的活動	13	奉仕活動
7	芸能	14	趣味、収集活動

　レクリエーション活動の分類は『現代レクリエーション百科』以後、行われていない。この分類方法がレジャー・レクリエーション関連の書籍で記述されなくなった理由は2つある。1つはPCデバイスの普及である。レクリエーションリーダーはパソコンから活動情報を適宜取り出せる。例えば、「高齢者」、「男子」、「肢体不自由」のキーワードを打ち込めば、それぞれに見

江橋慎四郎・金田智成・松原五一編
『現代レクリエーション百科』ぎょうせい（1977）

Leisure and Recreation

これからのレジャー・レクリエーション

合った活動種目と楽しみ方、教え方などが瞬時に手に入る。そして2つ目は、アメリカも日本も社会が成熟したため、レクリエーション活動を普及、啓蒙する必要がなくなったことが挙げられる。

- 戦時下の厚生運動と占領下のレクリエーション運動を比較して、相違点と類似点を挙げてみよう。

- 日本厚生協会ではなぜ壮丁体位の向上、国民体力の向上を目指したのか、考えてみよう。

- 占領下のレクリエーション運動としてスクエアダンス、フォークダンスが取り上げられた理由は何だろうか。

Chapter13 プレイ理論とは

　プレイとは「遊び」のことである。つまりプレイ理論は遊びの理論ということになる。しかしひとえに遊びと言っても年代や性差、住んでいる国や地域によって、イメージは違う。所持金の多少でも異なるだろうし、自然環境にも左右される。このように「遊び」からイメージされるものは多岐にわたる。
　遊びを考えるにあたり、J・ホイジンガ（1872-1945）とR・カイヨワ（1913-1978）の名前を抜きに語ることはできない。

> ヨハン・ホイジンガ（Johan Huizinga）：オランダ人。歴史学者。元ライデン大学学長。
> ホイジンガ／高橋英夫訳『ホモ・ルーデンス』中央公論新社（1973）
>
> ロジェ・カイヨワ（Roger Caillois）：フランス人。社会学者、哲学者、文芸評論家
> ロジェ・カイヨワ／多田道太郎・塚崎幹夫訳『遊びと人間』講談社（1990）

1 古典的な遊びの定義

ホイジンガ以前の遊びの捉え方

　ホイジンガが遊びの定義を行う以前より、遊びについてはさまざまな考え方があった。その代表的な思想家として、F・シラー（1759-1805）や、H・スペンサー（1820-1903）が挙げられる。シラーは、人は衣食住が満たされた状態になったとき、あり余った力が遊びとして消費されるとした。これは余剰エネルギー説と呼ばれる。一方スペンサーは、その余剰エネルギー説を応用して、成長の過程において遊びは人工的な練習であるとした。

> フリードリヒ・フォン・シラー（Friedrich von Schiller）：ドイツ人。思想家、詩人。
>
> ハーバート・スペンサー（Herbert Spencer）：イギリス人。社会学者、哲学者。

　このようにホイジンガ以前は、遊びを日常生活の中での活動の1つであるととらえている。つまり人間の生き方や人生に照らし合わせたとき、まず文化やそれぞれの日常生活が土台としてあり、その上に遊びがあるとしていたのである。
　プレイの説明を歴史的にみると、その範囲が少しずつ増大していったことが分かる。初期の頃は動物の遊び（プレイ）を観察し、そこから遊びの本質に迫っていった。時代とともに多くの人々のレクリエーションへの関心が深まると、生物学者、生理学者、社会学者、教育家、心理学者、レクリエーション専門家などがさまざまな理論を展開するようになった。
　以下、代表的な理論を『レクリエーション事典』より引用してみる。

> 日本レクリエーション協会編『レクリエーション事典』

1. 余剰エネルギー説（Surplus energy theory）

これを唱えたのは、シラー（Friedrich Von Schiller）とスペンサー（Harbert Spencer）である。生きていくうえに必要とされるエネルギー、および種の保存に必要とされるエネルギー以外の過剰のエネルギーを放出するのがあそびであると説明した。問題点は、ⅰあそびを無目的とみなした点、ⅱ疲労時にもあそびがあることを説明できない、ⅲ動物の種類によって、あそびの形式が違うことを説明できない、という点であった。

2. 生活準備説（Preparation for life theory）

これを唱えたのは、グロース（Karl Groos）などである。あそびは本能的なものであり、動物の教育的経験の一部である。あそびをとおして動物は成熟後の生活の準備をしているのである、と説明する。この説の問題点は、あそびの様々な形式を説明しようと試みたにもかかわらず、成人のあそびについて説明を欠いた点である。

3. 反復発生説（Recapitulation theory）

これは個体発生は、系統発生を繰り返すという生物学の学説にもとづくもので、ホール（Stanley Hall）によって唱えられた。動物はあそびをとおして、祖先が経験した、走・跳・投などを繰り返すというもので、遺伝が重要な因子となっている。この問題点は、あそびにおける進歩を説明しないし、また、あそびの新しい形式を軽視し拒否する傾向にあること。

4. 本能説（Instinct theory）

ジェームズ（William James）やマクドウガル（W. Macdagall）などによって唱えられた。あそびとはまったく本能的なものである、つまり、自動的な衝動にもとづく、欲求の結果である。遊戯本能は人間に普遍的にみられるし、他の動物にもみられる、と説明した。問題点は、人間の本能を構成するものについて一致をみないことである。いかにしてわれわれは獲得したものを生得的なものと区別するか、また、いかにしてわれわれが、本能と衝動または反射とを区別するか、が不明なのである。

5. 解緊説（Relaxation theory）

パトリック（G. T. Patrick）によって唱えられた。あそびは楽しいものであるし、それ自身のために求められるものである。それは、仕事、強制、生活闘争からの開放である。あそびの結果は満足である、あそびは緊張や圧迫

から個人を救う、と説明する。これはカタルシス説に近い。成人のあそびやレクリエーションには適するが、子どものあそびには適さない点に問題がある。

6. 再創造説（Re-creation theory）

カムス（Lord Kames）、ムース（Guts Muths）によって唱えられた。あそびは作業からの自然な転換である。エネルギーを再新し、補充し、回復するのである。この点で、休息と本質を同じくする。この説は、あそびの機能については説明しているが、その本質や特性を述べていないのが問題である。

7. カタルシス説（排他説、Catharsis theory）

唱えたのはアリストテレス（Aristotle）である。あそびとは、閉じ込められた感情の排出である。つまり、他の方法では抑圧され害となって残存する諸感情を解き放すことである。これには余剰エネルギー説と同様な問題がある。

8. 自己表現説（Sclf-expression theory）

ミッチェルとメイソン（E. Mitchell & B. S. Mason）によって1934年に唱えられた。あそびとは自然な活動欲求のあらわれである。彼らによれば、人間とは本質的に活動が基本的欲求であるものである。この点に立てば、結局、なぜ人は固有の遊びを選ぶのかを説明することだけが残る。この選択を説明するのに3要素を挙げる。第1は、有機体の生理的構造である。これは、力、潜在能力、および技能を段階づける。第2は、身体適性で、これは人の好みを決める。第3は心理学的傾向で、これは生理学的要求や学習した習慣の結果である。

以上代表的プレー理論について触れたが、包括的な理論、構築まで及んでいないことが理解できる。

2 ホイジンガの遊びの定義

ホイジンガはそれまでの理論を180度転換させる理論を構築した。ホイジンガは『ホモ・ルーデンス』の中で、人間の本質は遊びにあると述べた。人間は遊ぶために生きているというのである。また、彼にとっては企業の生

存競争もある種ゲーム的であることから、仕事さえ一種の遊びであるとした。

　そこで、ホイジンガの遊びの定義について、『ホモ・ルーデンス』をもとにまとめる。ホイジンガはライデン大学学長就任演説（1933年）にて「文化における遊びと真面目の境界について」というテーマで演説し、その後1938年に『ホモ・ルーデンス』を発表した。「ホモ」とは「人間」、「ルーデンス」は「遊び」を意味している。

　ホイジンガは言語学の観点から遊びを考察した。例えばオランダ語のaardigheidは「面白さ」の意味で、aardはドイツ語の「alt＝あり方、本質、天性」である。つまり、面白さとは、それ以上根源的な概念に還元できないと述べている。人間は本質的に遊びをすることを欲しているのである。

　ホイジンガは『ホモ・ルーデンス』で遊びの特徴を述べている。まず、遊びとは1つの自由な行動であること。遊びは自ら行うものであり、誰かに指示されてするものではない。強制された遊び、上司に誘われ仕方なく行うゴルフや釣りは遊びとは言えない。遊びは自由であるということが前提である。

　次に遊びは利害関係・日常生活と離れたものであるということである。一般的に休憩時間、レクリエーションのための活動であるとされているが、規則的に行うことで生活の一部となることもあるとしている。例えば仕事や勉強の合間に遊ぶことでリフレッシュすることができる。その際、規則性を持つとルーティーンとなる場合もあるのである。

　3つ目の特徴は、完結性と限定性である。まず完結性についてだが、遊びには始まりと終わりがある。終わらないと日常生活（遊び以外のこと）が行えないからである。ホイジンガは、遊びは繰り返すことができることに注目し「この反復の可能性は遊びの最も本質的な特徴の一つである」と述べている。次に限定性である。遊びには時間的制限と空間的制限があり、空間的制限が特に強調される。例えば鬼ごっこや野球、サッカーなどを行う時、場所を決めて行うのが一般的である。競技としての野球やサッカーは競技規則により定められているが、遊びとしてのスポーツは明確な規定がなく、遊ぶ場所の規模に左右される。サッカー場が使えれば自ずとそのピッチが空間的制限となるが、それ以外で行う際には、範囲を自分たちで決める必要がある。例えば、校庭や河原などで行う際は線を引いたり、柱を立ててゴールの代わりとしたりもする。また鬼ごっこにしても、校庭の中だけとしたり体育館の中としたりする。このように遊びには限定性が含まれる。

　このようにホイジンガは遊びについてまとめているが、遊びとはレクリエーション活動の基礎とも言える。自由に遊び、リフレッシュすることで生活や仕事への活力が生まれるのである。

3　カイヨワによる遊びの定義

ホイジンガの考えに影響を受けたのがカイヨワである。カイヨワは『遊びと人間』において遊びとは何かを6つの項目で説明した。

①自由な活動……遊技者が強制されないこと。強制されれば楽しみという性質を失ってしまう。
②隔離された活動……あらかじめ決められた空間と時間の範囲内に制限されていること。
③未確定の活動……ゲーム展開や結果が決定されていてはいけない。
④非生産的活動……財産や富など、いかなる新要素も作り出さないこと。ただし遊技者間での所有権の移動は除く。
⑤規則のある活動……約束事（通常法規を停止し、一時的に新しい方を確立するもの）に従う活動。
⑥虚構の活動……日常生活と対比した場合、二次的または非現実である特殊な意識を伴っていること。

TRY!
今の世の中の遊びをあなたなりに分類してみよう。

西村清和『遊びの現象学』勁草書房（1989）

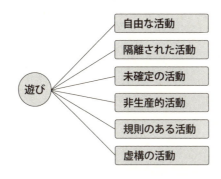

【図1】遊びの定義

4　カイヨワによる遊びの分類

カイヨワは遊びを4つに分類し、それぞれ「アゴン（競争）」、「アレア（偶然）」、「ミミクリ（模倣）」、「イリンクス（眩暈）」と名付けた（**表1**）。

アゴン……ただ1つの特性（速さ、忍耐力、体力、記憶力、技、器用など）に関わり、一定の限界の中で、外部の助けを一切借りずに行われる競争。

個人対個人、チーム対チーム、不特定多数の競争者間の競技がある（陸上競技、サッカー、ゴルフなど）。他にも勝負の始めに、競技者たちが同じ価値、同じ数の要素を与えられている遊び（チェス、玉突きなど）も含まれる。

アレア……ラテン語のサイコロ遊びを意味する。アゴンとは正反対に、遊技者の力の及ばぬ独立の決定の上に成り立つすべての遊び。運命こそ勝利を作り出す唯一の方法である。また勤勉、忍耐、器用、資格を否定し、専門的能力、規則性、訓練を排除することが特徴である。

ミミクリ……これは擬態（昆虫の擬態）を表す英語である。架空の環境で活動を展開したり、自身が架空の人物となったり、それにふさわしく行動するというところに成立する。具体的には演劇や物まねがこれにあたる。

イリンクス……眩暈の追求に基づくもろもろの遊びである。カイヨワは具体的に儀式舞踏僧（回教のメレヴィス派の僧）の礼拝と、メキシコの「ヴォラドレス」を挙げている。馴染み深いものでは、メリーゴーランドがある。

【表1】遊びの分類

アゴン	競争	筋肉的な性質（スポーツ競技）、頭脳的なタイプ（チェス等）
アレア	偶然	サイコロ、ルーレット、くじ等
ミミクリ	模倣	演劇、物まね、仮装等
イリンクス	眩暈	メリーゴーランド等

スイスの心理学者J・ピアジェの遊びの分類を調べなさい。
【資料】J・ピアジェ、E・H・エリクソン他／赤塚徳郎・森楙監訳『遊びと発達の心理学』黎明書房（2000）参照。

ただ、ここで考えなければならないのは、科学技術の発展や新たな文化が形成されるなど社会を取り巻く環境が変化するにしたがって、遊びも変化していくことである。近年では安心・安全面から、子どもたちだけの外遊びに抵抗がある親が増えそれも一因となり、家庭用・携帯型ゲーム機、そして携帯電話の普及が進んでいる。こうしたことから、新たな遊びの分類が必要になってくることは当然考えられるだろう。

- あなたが過去に体験した遊びをカイヨワの分類に沿って分類してみよう。
- 10年後の子どもたちはどんな遊びをしているか考えてみよう。

PART 2 レクリエーション理論
Chapter14 教育現場におけるレクリエーション

教育現場におけるレクリエーション

　論文情報データベース CiNii を利用し、「レクリエーション」と「教育」というキーワードで検索すると、2013年1月現在で、334件の論文が表示される。検索された中で出版年が最も古い論文は、1948年に小沢武男が発表した「教育上からみたレクリエーション」である（ちなみに、この論文は「レクリエーション」のみで検索した場合でも最も古いものだ）。小沢はこの論文のなかで、「レクリエーションという言葉はまだほんとうに若い言葉です」と紹介した上で、その理解促進のために当時のアメリカ・レクリエーション協会の定めた19原則を紹介している。また、小沢はこの論文の中で、「よいレクリエーションの条件」や、具体的なレクリエーションゲームについても示している。この論文をきっかけにして、徐々に「教育」と「レクリエーション」に関連する文献が増えていった。

TRY!
論文情報データベースで「教育」と「レクリエーション」をキーワードにして論文を検索してみよう。また、興味のある論文を読んでみよう。

TRY!
アメリカ・レクリエーション協会の定めた19原則を、小沢の文献からみてみよう。
【資料】小沢武男「教育上からみたレクリエーション」『PTA』2巻、8号（1948）22-24頁

1　学校とレクリエーション

　「学校」と「レクリエーション」──この2つのキーワードを並べたときに思い浮かべることは何であろうか。学校における余暇活動や教育といったことよりも、「フルーツバスケット」や「イス取りゲーム」といった、レクリエーション活動の時間に行われたゲームを思い浮かべる人が多いのではないだろうか。レクリエーションゲームはその場に笑顔を生み、どことなく緊張している空間を、和やかな雰囲気にしてくれる。
　ではレクリエーションゲームは、教育の現場で何らかの効果が期待されて行われるのであろうか。実は、教育の現場とレクリエーションについて考えていくと、「レクリエーションゲーム」は、教育の現場とレクリエーションの関わりの一側面に過ぎないことに気が付く。
　本章では、教育の現場におけるレクリエーションの意味と、両者の関わりについて考察していきたい。

2 レクリエーション教育

　子どもは生活の大半を学校で過ごす。この場でのさまざまな経験が、子どもの将来の資質や能力の発達に大きな影響を及ぼす。一方で、学校での生活を通して生じる問題もある。いじめや不登校などはその一例である。また、子ども達の中には、日々の勉強や塾に追われ心身ともに疲弊している者もいる。そのような子ども達の多くは余暇時間の確保すらままならない。このような余暇時間を有効に過ごすことを知らない子どもが大人になったとき、はたして趣味やスポーツを積極的に楽しむことができるのであろうか。この時期の余暇活動の欠如が、後になって余暇時間の使い方が分からないといった状況を生み出すことになると考えられている。そういったことを防ぐためにも、子どもの頃からレクリエーションを行う知識や態度を育むことは重要である。

　これら教育の現場に潜む、問題の解決への取り組みの一つが、レクリエーション教育である。レクリエーション教育の持つ意味は、次の3つに大別されている。第1は、レクリエーションの教育で、レクリエーションの生活化のための教育、第2は、レクリエーションの専門職や指導者の養成、第3は、レクリエーションの考え方や手法を教育に生かそうとするものである。

　指導者に関連するリーダーシップやその養成については、Chapter25 に述べている。本章では「レクリエーションを行う知識や態度を育む」ためのレクリエーション教育と「教育上の効果を期待する」レクリエーション教育について概観する。

3 レクリエーションを行う知識や態度を育む

　余暇活動は学校での教育に影響されてきたと考えられており、余暇時間という「わく」を積極的に過ごすか消極的に過ごすかは、受けてきた学校教育に大きく影響されるといえる。そのため、学校教育の現場においてレクリエーションの意義や価値、役割を十分認識できる人材の養成を課題として挙げる報告もある。すなわち、学校で行われるレクリエーション教育は、その後の人生における余暇時間を、趣味やスポーツを積極的に楽しむ知識や態度で臨むことへの大きな役割を担っているのである。

　レクリエーション教育は、ホームルームや道徳の時間に行われることもあれば、既存の科目それ自体がレクリエーション教育として意味を持つものであるとも考えられる。音楽、美術、技術家庭、体育等を余暇教育ととらえ、

生活をより豊かに楽しいものにするための技術や技能、知識を、少なくとも義務教育で身につけさせるべき、とする指摘もある。特に、体育を通しての運動経験は、生涯スポーツ実践の基盤として重要な役割を担うため、余暇時間の積極的なスポーツ参加に多大な影響を与えているといえよう。

もちろん、レクリエーション教育の効果はすぐに現れるものではない。余暇の質の向上と豊かな生活を目指すために、時間をかけて学習し、その力を身につけていくことが重要であろう。教育の現場での教師と生徒の長期にわたる努力を通してこそ、一生涯にわたりレクリエーションを営む知識や態度が育まれると考えられる。

4 教育上の効果を期待するレクリエーション

近年、子どもたちをとりまく生活環境の変化により、コミュニケーション能力の低下が多方面より指摘されるようになった。それに加え、体力の低下や過密なスケジュールから生じる疲弊感も問題となっている。これらの問題を解決するための一つの方法に、レクリエーションが挙げられる。その活動はゲーム、スポーツ、音楽と多岐にわたっている。

コミュニケーションの促進

レクリエーションは世代、性別を問わず共に楽しむことができるものである。そのため、普段はなかなかコミュニケーションをとる機会がない人とも、自然と会話が弾む空間がつくられる。レクリエーションはコミュニケーションの促進に役立てることができる。

また、コミュニケーション自体の促進をねらってレクリエーションゲームを行う場合には、アイスブレイクという考え方がある。アイスブレイクの基本は、「こころをほぐす和やかな雰囲気づくり」である。アイスブレイクは、参加者同士が話をしやすい雰囲気をつくることによって、意見や新しいアイデアを意欲的に出し合い、スムーズに議論や合意形成が行われるようにする仕掛けであるとされている。この手法は、教育の現場のみならず、企業の会議や講習会などにも採り入れられており、その有用性が広く認知されている。

現在では、レクリエーションゲームを複数回、一定の期間にわたり実施することで、コミュニケーションの促進ばかりでなく、良好な人間関係の形成に関わる能力の向上を図ろうとする取り組みもある。

いじめや不登校が、コミュニケーション能力の不足に起因する可能性も指摘されており、レクリエーション教育がそれらへのアプローチの一つとして

期待されている。

疲労感の回復や気分の変容

レクリエーションゲームやスポーツを通して、気持ちがすっきりしたり、体が軽くなったりする経験をしたことはないだろうか。レクリエーションは心身の疲労回復や気分の変容に効果があると考えられている。

例えば、50分程度のレクリエーションゲームのプログラムを行った結果、実施前よりも実施後の方が眠気やだるさ、注意集中の困難さが低下するという報告がある。同様の効果は、スポーツをレクリエーションとして行った場合にも報告されている。

また、ジャンケンなどのレクリエーションゲームが、気分や感情の変容に及ぼす影響を検討した研究においても、その結果の1つとして、レクリエーションゲームは陰性気分を低下させ、陽性気分を向上させることが報告されている。

体力の向上

子どもの体力低下が社会的な問題となっている。この現状を明らかにし、改善を目指すべく、多くの調査が行われている。

体力向上を主なねらいとして運動やスポーツを行う場合、「楽しさ」などその活動自体に価値が見出される種目を採用することで、自ずと体を動かしたい気持ちが生まれるはずである。内発的に動機づけられたその活動は、継続的になされるようになる。運動習慣の形成により、体力も自然と向上していくことが期待される。まさに、レクリエーションを通して達成される体力向上ではないであろうか。

そういったレクリエーションを通して体力を向上させようとする取り組みは、全国に広がっている。財団法人日本レクリエーション協会は、全国規模で「子どもの体力向上」事業を行っている。

TRY!
疲労感の回復や気分の変容につながるレクリエーションゲームにはどういったものがあるか調べてみよう。

三宅孝昭、小泉紀雄、高田良平「レクリエーションゲームが疲労回復に及ぼす影響——体感が得られるプログラムからの検討」『日本体育大学紀要』21巻、2号（1992）129-136頁

服部伸一、前橋明、中永征太郎「レクリエーション運動による学生の疲労スコアの軽減効果について」『日本体育学会大会号』51巻（2000）455頁

杉浦春雄、西田弘之、杉浦浩子「レクリエーション活動前後の気分プロフィール（POMS）の変化について」『岐阜薬科大学基礎教育系紀要』15巻（2003）17-33頁

鈴木宏哉、西嶋尚彦、鈴木和弘「小学生における体力の向上に関連する基本的生活習慣の改善：3年間の追跡調査による検証」『発育発達研究』46巻（2010）27-36頁

PART 2　レクリエーション理論
Chapter14　教育現場におけるレクリエーション

・地域のコミュニティを活発にさせるレクリエーション活動はどのようなものがあるだろうか。

・あなたは小学校の親子会で親代表として100人の前であいさつをしなければならない。どのように緊張をほぐすだろうか、具体例を挙げて説明しなさい。

これからのレジャー・レクリエーション

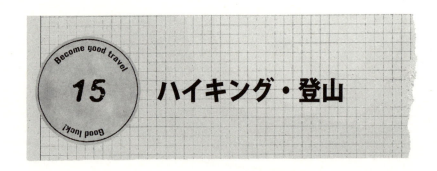

15 ハイキング・登山

ハイキング（hiking）とは、自然と親しむため、健康のため、あるいは知らない土地を見聞したり、景観を楽しむために山野などに出かけることである。1908年にベーデン＝パウエルによって創設されたボーイスカウトの中心的な活動の中に、山野に出かけ自然に親しみながら心身を鍛錬すること、そして協同作業をとおして協同の精神を養うことが挙げられている。

登山は、古くは宗教的、戦争、侵略などの目的で行われていたが、現在は、山を登ること自体を目的とした、スポーツ、レジャーとして人々に楽しまれている。比較的簡単に登ることができる丘陵から、ヒマラヤ登頂を目指すものまで実に多様である。またトレッキング（trekking）は、山頂を目指すことを主な目的とする登山に対し、「山歩き」を楽しむことをいう。

1 ハイキング、登山の歴史

日本にボーイスカウトが「少年義勇団」の名称で紹介され、1920年代に「少年団日本連盟」が結成された頃から、ハイキング活動が知られるようになった。その後、国鉄がハイキング・コースを紹介し、若者を中心に流行した。さらに第2次世界大戦後の高度経済成長期には、都会住民の自然への憧れから、さらに多くの人が野外に出かけるようになった。

日本では、古くから山を信仰の対象とし、山の頂に祀られている磐座（いわくら）をお参りしたり、御神体である山と一体化するために、身を清めた信仰登山を行っていた。日本だけでなく、アジアやヨーロッパにおいても、山は神の住処（すみか）であり、山に住む動物を神のお遣いとしていたことから、狩猟などの際には身を清め、山から必要最小限のものだけを分けていただく、との考えで山に入っていた。ここには山と人間との共生の思想があった。

中世のヨーロッパでは、特定の宗教の台頭により、異教信仰に対する弾圧が厳しくなった。山に住む異教の神を魔物とし、山の頂上に旗を立てること

ボーイスカウトとは、イギリスの退役軍人のロバート・ベーデン＝パウエルが、青少年の健全育成を目指して創設した青少年運動である。実社会で先駆的な立場に立てるように、身体を実際に動かし、野外活動を通じて心身ともに健全な青少年の育成と教育を目的としている。ボーイスカウトやガールスカウトで活動すること、またその活動と理念をスカウト運動（Scouting）という。なお、ガールスカウトは、ボーイスカウトにならい、ロバート・ベーデン＝パウエルの妹アグネス・ベーデン＝パウエルによって発足した少女のスカウト運動である。

国鉄（日本国有鉄道）とは、日本の国営鉄道事業として国有鉄道を運営していた事業体である。鉄道、船舶、バスによる運送事業を担っていた。1987年民営化された。

でそれらを退治したと考える登山が行われた。

その後、ただ山頂からの眺望を楽しみたいとういう欲求で山を登るようになり、近代登山へと移行していった。

2　ハイキング・登山に関する専門組織

日本では1905年に、山岳に関する研究、並びに知識の普及、及び健全な登山指導を目的として日本山岳会が設立された。1950年には日本山岳協会が設立され、全日本登山体育大会等の競技を開催している。また、日本山岳ガイド協会、日本勤労者山岳連盟といった全国組織もあり、国際的組織として、国際山岳連盟、国際山岳ガイド連盟等がある。

日本山岳会は、日本で最初の山岳クラブである。日本山岳協会は、全国の山岳連盟（協会）が加盟して構成されている団体で、日本体育協会、日本オリンピック委員会、国際山岳連盟に加盟している。

3　現在の登山と課題

近代登山は1336年にイタリア人のペトラルカが、頂上からの眺望を楽しみたいという個人的な欲求を満たすために、ヴァントゥ山（フランス）に登ったのがそのはじまりといわれている。19世紀に入ると未開、未踏の地に踏み入る、登頂する初登頂や発登攀を目指す近代アルピニズムが勃興した。

近年では、レジャーとしての登山や競技としての登山など多様な楽しみ方がある。登山靴や登山用具の機能向上、軽量化等の発達によって、登山人口の増加がみられる。気軽に登山やトレッキングができるように山道などの整備がなされ、体力にあった登山ルートで無理なく景色や運動を楽しむことができるようになってきている。しかし、その一方で登山人口に占める高齢者や経験未熟な者の割合が高くなり、遭難事故件数も増えつつある。

また、登山人口が増加したことによる自然へのダメージが問題となっている。例えばゴミやタバコの放棄、木や枝を折る、指定の山道や遊歩道を歩かず自然植物を踏んでしまう、などである。自然環境の保全は、登山者にとって守るべきマナーであり、自身の行動が自然や景観にどのような影響を与えてしまうかを常に考えなければならない。

TRY!

ごく最近の問題として、軽装での登山によって遭難し、レスキュー隊が出動する事例が増加している。この遭難事故の原因について、考えてみよう。

これからのレジャー・レクリエーション

小池武栄『登山の誕生──人はなぜ山に登るようになったのか』中央公論新社（2001）

【表1】過去10年間の山岳遭難発生状況

	H17	H18	H19	H20	H21	H22	H23	H24	H25	H26
発生件数（件）	1382	1417	1484	1631	1676	1942	1830	1988	2172	2293
避難者数（人）	1684	1853	1808	1933	2085	2396	2204	2465	2713	2794
うち中高年（下段）	1372	1507	1439	1567	1602	1822	1696	1837	1996	2136
死者・行方不明者数（人）	273	278	259	281	317	294	275	284	320	311
うち中高年（下段）	244	251	237	256	284	266	251	254	293	286

（警察庁生活安全局地域課「平成22年中における山岳遭難の概況」（2011）、「平成26年中における山岳遭難の概況」（2015）より著者作成）

日本体育学会『最新スポーツ科学辞典』平凡社（2006）

・登山はもともとどのような目的で行われていたのだろうか。

・今日よく耳にする「山ガール」の火付け役は誰だろうか。

・初心者の一般的な高尾山と富士登山での装備の比較をしてみよう。

PART 2　レクリエーション理論
Chapter16　キャンプの歴史と課題

キャンプの歴史と課題

　キャンプとは、自然環境の中で簡便な方法を用いて宿泊・生活などをすることである。軍隊やスポーツ等の宿泊合宿もキャンプと呼ぶが、これはキャンプの語源であるラテン語の「campus」が「平らな場所」、「広場」という意味であったことに関係する。平らな所に砦を築き、そこに兵隊を配置して訓練したことから「共に生活をしながら、兵隊が訓練する所」をキャンプと呼ぶようになり、転じて「仲間と共同生活をする」という意味になった。現在のキャンプは、家族や友人、仲間などで、レジャーやレクリエーションとして行うキャンプと、明確な目的や教育のねらいのもとにキャンプ指導者によって運営、展開されるキャンプとに大きく分けることができる。前者はレクレーショナルキャンプ、後者は組織キャンプと呼ばれている。

　日本では、これまでキャンプは体育的な活動、スポーツ的な活動として解釈されてきた。この背景には、1961年に制定されたスポーツ振興法が大きく関わっている。このスポーツ振興法では「国および地方公共団体は、心身の健全発達のために行われる徒歩旅行、自転車旅行、キャンプ活動その他の野外活動を普及推奨するため、コースの設定、キャンプ場の開設その他の必要な措置を講ずるよう努めなければならない」とある。この法律では、スポーツの振興方策として、「野外活動の振興」が挙げられ、キャンプは野外活動として、スポーツの範疇にとらえられるようになっている。また、プログラムとして、登山やハイキング、オリエンテーリングなど体育・スポーツ的な要素、身体運動的な要素が多く含まれ、急激に普及するようになった。2011年に制定されたスポーツ基本法においても、野外活動及びスポーツ・レクリエーション活動の普及奨励として「国及び地方公共団体は、心身の健全な発達、生きがいのある豊かな生活の実現等のために行われるハイキング、サイクリング、キャンプ活動その他の野外活動及びスポーツとして行われるレクリエーション活動（スポーツ・レクリエーション活動）を普及奨励するため、野外活動又はスポーツ・レクリエーション活動に係るスポーツ施設の

日本キャンプ協会『キャンプディレクター必携』日本キャンプ協会（2007）1-10頁

これまで日本のスポーツ政策の根幹となっていた「スポーツ振興法（1961年制定）」を改正し、2011年に成立したのが「スポーツ基本法」である。スポーツ基本法ではすべての国民がスポーツをする権利と楽しむ権利があることを明記し、国や自治体はそれを保証する責任があるとしている。
【資料】文部科学省「スポーツ基本法関連資料」

佐藤初雄、田中祥子『キャンプマネジメントの基礎』杏林書院（2000）1-8頁

整備、住民の交流の場となる行事の実施その他の必要な施策を講ずるよう努めなければならない」とあり、今後もレジャーやレクリエーションとしてもとらえられるが、特に組織キャンプとしては、キャンプはスポーツ的な活動としてとらえられる。

1 海外における組織キャンプの歴史

　1861年、アメリカのコネチカット州ワシントンのガネリー校の校長フレデリック・ウイリアム・ガン氏が生徒を連れ、2週間の野営生活を行ったことが組織キャンプの始まりといわれている。その後、学校だけでなく青少年団体、キリスト教関係団体や私設のキャンプによって全米に普及した。国際的な広がりは、ボーイスカウト、ガールスカウト、YMCA、YWCAといった国際的青少年団体が、キャンププログラムをその活動に導入したことによる。

2 日本における組織キャンプの歴史

　ロンドンでボーイスカウトのキャンプを見学し、その影響を受けた学習院院長乃木希典の提唱により、1911年に神奈川県片瀬海岸で実施された学習院のスカウト式臨海キャンプが、日本における組織キャンプの始まりと言われている。その後は、ボーイスカウト、ガールスカウト、YMCA、YWCAなどの活動により全国的に広まった。

3 キャンプの専門組織

　日本におけるキャンプ専門の組織は日本キャンプ協会である。同協会は全国の青少年関連団体や野外活動研究者、指導者、教育者によって、キャンプの普及と振興、指導者養成・資格認定、調査・研究を目的として1966年に設立された。国際組織としては、国際キャンプ連盟がある。同連盟は、1983年に開催された国際キャンプ会議をきっかけに1987年に設立された。

4 キャンプの種類

　キャンプは多種多様の形態があり、定義付けされているものではないが一般的に用いられている呼称は次のものがある。

- 組織キャンプ
- デイキャンプ
- フリーサイトキャンプ
- オートキャンプ
- ゲリラキャンプ
- ツーリングキャンプ

TRY!
キャンプの種類によって、その内容の違いを整理しよう。

5 キャンプにおける今後の課題

　近年のレジャー志向の高まりや用具用品、交通事情、キャンプ場施設の改良もあり、全国で年間を通じてキャンプを楽しむことができるようになった。また、キャンピングカーや自動車を利用するオートキャンプなどその楽しみ方も多様化し、ごく身近なものとなってきた。多くの人がキャンプを楽しむようになり、集団登山の踏圧による自然植物へのダメージや破壊、大量のごみや河川への洗剤流出など、自然破壊や環境汚染につながる恐れが多くなってきた。楽しく、安全にキャンプを行うためには、自然環境を使用する上でのマナーや自然環境に対する基礎的な知識を理解していなければならない。また、児童、生徒、子どもたちに自然体験活動の楽しさや喜びを伝えるために、その指導者や教育者は自ら多くの自然体験活動を経験していることが必要である。また、キャンプや野外活動を指導する教員や指導者、またはそれらを目指す者の自然体験活動等の充実が、野外教育を振興する上で重要な課題であるとされている。

TRY!
これからキャンプを楽しむためにはどのようなことに気をつけるべきだろうか。また、指導者、教育者としてキャンプを実施する上で気をつけることはどういったことだろうか。

日本オート・キャンプ協会『オートキャンプ白書2011』日本オート・キャンプ協会（2011）

- キャンプに関する資格にはどのようなものがあるか調べてみよう。
- 最新のキャンプ用具についてその利便性や特徴を調べてみよう。

17 職場とレクリエーション

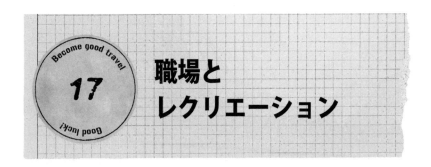

　職場とは一般的に「働く場」のことを指すが、実に多くの状況を含む言葉である。例えば、民間人が経営する私企業の職場もあれば、国等が経営する公企業の職場もある。しかし、いずれの種類の職場であっても、レクリエーションと深い関わりを持つことに違いはない。

　職場におけるレクリエーションの価値が認識されていることは、労働安全衛生法（1972年制定）において、「事業者は、前条第1項に定めるもののほか、労働者の健康の保持増進を図るため、体育活動、レクリエーションその他の活動についての便宜を供与する等必要な措置を講ずるように努めなければならない」と定められていることからもみてとれる。なお、この価値は労働安全衛生法が制定される以前から認められていた。それは、戦後まもなく定められた国家公務員法で、「レクリエーション」というキーワードが出現することからも分かる。さらに、1964年に制定された人事院規則において、職場におけるレクリエーションの目的や実施基準についてより明確に示されている。

　戦後まもなく、この分野に関する研究も行われた。論文検索データベースCiNiiで、「職場」と「レクリエーション」をキーワード検索すると、多くの文献に当たる。その中で出版年が最も古い文献は、1950年に柳田によって発表された『職場とレクリエーション』であった（2013年1月現在）。職場におけるレクリエーションの必要性を指摘した、初期の貴重な資料といえよう。

　1950年代後半までに、職場でのレクリエーション活動によるさまざまな効果が、研究知見という形で蓄積されるようになった。1956年に労務研究所の発表した「職場レクリエーションの重要性と今後の問題点」では、実際に職場で行われたレクリエーションが示され、それにより作業能率、生産意欲、健康状態、疲労感等にどのような影響を与えたかについて、データを交えながら紹介されている。しかしながら、この文献の冒頭では、職場でのレ

TRY!
論文情報データベースで「職場」と「レクリエーション」をキーワードにして論文を検索してみよう。また、興味のある論文を読んでみよう。

柳田亨「職場とレクリエーション」『事務能率』2巻、7号（1950）8-10頁

労務研究所「職場レクリエーションの重要性と今後の問題点」『旬刊福利厚生』175巻（1956）11-13頁

クリエーション活動が、十分な広がりをみせてはいないとされた。

他方、アメリカでは、この頃すでに職場でのレクリエーションが普及していた。アメリカは、職場でのレクリエーションへの深い歴史を持ち、19世紀末までに全米各地の企業でさまざまなレクリエーション活動が行われていた。

磯村英一「レクリエーションと学校体育」『新体育』21巻、7号（1951）8-11頁

川口智久「アメリカにおけるレクリエーション運動とその意義」『一橋大学研究年報　自然科学研究』15巻（1973）59-95頁

1 職場における問題とレクリエーション

職場が明るく、人間関係も円満で、心身ともに健康に仕事に励む——そんな職場環境は理想的であるし、仕事の成果にも良い影響を与えるであろう。しかし、現代社会における職場は、そのような理想的なものばかりではない。むしろ、職場に対してストレスを感じながら働いている人の方が多いといえる。

2008年の厚生労働省の調査によると、仕事や職場生活に関する強い不安、悩み、ストレスが「ある」と回答する労働者の割合は58%であった。ストレスの原因として、最も回答が多かったのは「職場の人間関係の問題(38.4%)」であり、それに「仕事の質の問題(34.8%)」、「仕事の量の問題(30.6%)」と続いている。

厚生労働省『平成19年度労働者健康状況調査の概況』(2008)

「誰しもが少なからずストレスを感じながら仕事をしている」という声が聞こえてきそうではあるが、だからといってこのような現状を見過ごすべきではない。労働者の自殺者数は、2009年には9000人を超えており、その原因の1つが職場のストレスであることは否定できないからである。精神障害等による労災補償の請求や、認定の件数も増加してきていることからも、職場における労働者の精神的健康衛生を整える努力は、必要不可欠なものであるといえる。職場とストレスをとりまく現状は、現代の職場における解決すべき問題なのである。

警察庁生活安全局生活安全企画課『平成21年中における自殺の概要資料』(2010)

厚生労働省『平成21年度における脳・心臓疾患及び精神障害等に係る労災補償状況　について』(2010)

そのような問題を解決する1つの方法として期待されるのがレクリエーションである。労働者も、レクリエーション施設の拡充やその実施に関わる職場のサポートを期待している。厚生労働省の調査によると、労働者が会社に期待することとして33.4%の人が「休養施設・スポーツ施設の整備、利用の拡充」を挙げている。このことは、いくつもある期待することの回答の中で2番目に多い。心身の健康の増進、教養面の向上等の目的で、レクリエーション施設を労働条件の一部として設置しようとする傾向が拡まってきたという。職場におけるレクリエーションの価値は、行政だけでなく、管理者や労働者も認めているのである。

久川太郎「生涯教育とレクリエーション——レジャー時代の余暇教育」『流通経済大學　論集』25巻、2号（1990）1-14頁

TRY!
労務研究所（2011）の調査を参考に、職場におけるレクリエーションの現状をみてみよう。

労務研究所「特集 民間52事業所 地方自治体80団体 職場レクリエーション補助調べ」『旬刊福利厚生』2089巻（2011）5-44頁

（社）日本経済団体連合会『第54回福利厚生費調査結果報告 2009年度』（2011）

しかしながら、近年職場におけるレクリエーションが充分に実施されているとはいいがたい。2011年に発表された労務研究所の調査によると、イベント、職場単位のレクリエーション、クラブ活動の実施率が、2005年、2008年、2010年と徐々に減少していることが報告されている。2006年以降、従業員1人あたりの福利厚生費は、3年連続で減少しているという報告もある。

当然、職場においてレクリエーションがないがしろにされる近年の状況は、そこで働くすべての人にとって望ましいことではない。本章では、職場におけるレクリエーションの価値を再確認するために、職場におけるレクリエーションのねらいについて概観していく。

2 職場におけるレクリエーションのねらい

職場において、良好な人間関係を築けていないことや体調を崩すことは、労働者自身にとっても、企業にとっても望ましいことではない。こういったことを防ぐとともに余暇時間の充実を援助することが、職場におけるレクリエーションのねらいとなる。

遠山善紀「職員のレクリエーション（勤務時間内）について」『管内事業研究発表会 論文集事業執行部会編』（1997）127-130頁

職場におけるレクリエーションのねらいは大きく3つに分類されている。1つ目は「職場の明るい人間関係作り」であり、2つ目は「職員の健康づくり」、そして3つ目は「職員の充実した余暇生活への援助」である。それらのねらいを参考に、職場におけるレクリエーションについて考察する。

レクリエーションを通しての人間関係づくり

生活時間の大半を職場で過ごすことを考えれば、そこでの人間関係は明るく良好であることが望ましい。人間関係が良好であることは、働く人の精神的な健康の維持増進や、仕事の能率向上にもつながると考えられる。この良好な人間関係づくりにレクリエーションは寄与しているのである。

塩谷宗雄、越智三王、田村新三郎、安田武四郎、竹之内保、大北文生、村上繁、関巌、坂田八千代「職場におけるレクリエーション（体操・軽スポーツ）の実施とその影響 に関する研究」『東海大学紀要体育学部』1巻（1970）37-69頁

職場におけるレクリエーションが人間関係に及ぼす影響については、以前から報告がみられた。例えば、腕時計を作っている精密会社に勤務する男女に、体操や軽スポーツといったレクリエーションを1年間にわたって行わせ、その効果を調査した研究がある。なお、レクリエーションは実働時間内に行われた。その結果、全対象者の90％以上がレクリエーションを行って良かったことを報告し、健康の面など以外に、職場の明朗性や人間関係の面での良い効果を認めている。また、夏祭りやスポーツフェスティバルなどのレクリエーション活動を行うことでの効果を調査した研究では、それらのイベン

澤邊舞子、加来明希子、池田智子「職場におけるレクリエーション活動の意義」『産業精神保健』15巻、増刊号（2007）66頁

トを行っている事業所の約80%の従業員が、職場におけるレクリエーションの必要性を認めていることが報告された。その理由として51.9%の従業員が、「みんなが仲良くなるため」と回答した。つまり半数以上の従業員が、良好な人間関係作りにレクリエーションが効果をもつことを認識しているのである。

また、レクリエーションが人間関係に影響を与えることで、職場に付加的な効果も与えると考えられる。その1つが、若年者の離職防止であろう。レクリエーションを通して職場の仲間との積極的なコミュニケーションをうながすことで、職場に入って間もない若年者が職場にスムーズになじむことをサポートするのである。

金恵成「企業主導の自己啓発導入の意義と安定上の課題」『大阪観光大学紀要開学10 周年記念号』(2010) 59-76頁

レクリエーションを通しての健康づくり

職場での業務や人間関係に起因する疲労やストレスを溜め込むことは、健康を害することにつながる。それにより体調を崩すことで仕事を休んだり、通常の業務に支障をきたしたりすることは、職場にとっても良い影響を与えない。レクリエーションを通して労働者の心身の疲労回復や健康の増進が図られることは、労働者自身にとっても職場にとっても望ましいことであるといえる。

職場での体操や軽スポーツなどのレクリエーション活動が、心身ともに健康に良い影響があると認める労働者が多いことや、レクリエーション活動への参加者が不参加者よりも、職場の満足度が高く、抑うつ度が低いことが示されている。レクリエーションの疲労回復への効果についてはChapter12でも言及しているので、そちらも目を通して欲しい。

塩谷ほか、前掲書

澤邊ほか、前掲書

労働による心身の疲労を回復し、健康を増進していくには、一人一人が心がけていく必要があるが、それは職場全体で取り組むべき課題でもあると指摘されている。レクリエーションを通して健康づくりを図るために、職場でその個人の努力をサポートすることが大切であると考えられる。

遠山善紀、前掲書

レクリエーションを行いやすい環境づくり

職場が魅力的な福利厚生施設を所有していれば、その施設を利用して旅行やスポーツといったレクリエーションを行いやすくなる。職場の働きかけが、労働者の充実した余暇生活の実現に大きく関与するのである。充実した余暇生活が人生をよりいっそう実りのあるものとするのであれば、この実現を職場がサポートすることは重要なことである。

企業の福利厚生施設の充実や、社会人のために趣味やスポーツを楽しむ能

これからのレジャー・レクリエーション

力を育成するための各種教室や講習会の開催の必要性を指摘する報告もある。福利厚生施設の拡充が難しい経済状況の時こそ、このことをおろそかにせず、充実した余暇生活の実現をサポートして欲しい。それは、労働者の働く意欲の向上や明るい職場の形成にもつながるであろう。

以上のように、職場におけるレクリエーションの3つのねらいの目指すところは、労働で疲弊した心身の回復だけではなく、職場環境や労働力の質の向上である。

労務研究所は職場におけるレクリエーションの意義について、「レクリエーション活動は、単なる労働力の再生産という役割に留まることなく、労働力の質的向上をもたらし、日々に発展する社会の動きについてゆけるだけの、文化的な役割も果たさねばならない」と指摘している。

ある企業について、こんな話もある。労働者の不健康により企業の負担する保険料が莫大な金額となった。その解決として、レクリエーションの充実が図られた。体育館を建設し、定期的な運動を奨励した。その結果、企業の保険料の負担は激減するとともに、労働者が健康的になることで労働の質も向上した。まさに、レクリエーションが企業に大きな恩恵をもたらした事例である。

3　職場におけるレクリエーションの今後の課題

職場におけるレクリエーションのありようには、福利厚生施設の拡充やより良いプログラムの作成など課題も残されている。今後の職場でのレクリエーションについては、①継続的・総合的視野に立つ施策を、②バラエティのあるプログラムを、③日々の生活を中心に、④リラクセーション・プログラムを、⑤みんなでするプログラムを、の5つが提言されている。労働者だけでなく、管理者を含め職場全体でレクリエーションを楽しめるプログラムや環境をつくることが重要であろう。

> - 過去に行われていた行事が廃止されたり、縮小されたりする背景にはどのような要因があるのだろうか、調べよう。
> - 職場とレクリエーションの相互効果について300字以内でまとめてみよう。

久川、前掲書

労務研究所『企業レクリエーションの実務』（1964）

TRY!
職場でのレクリエーションとは具体的にどういった活動が考えられるだろう。

山崎律子「レクリエーション―職場はいま」『労働の科学』53巻、5号（1998）20-23頁

光村太一「活動状況 職場でのレクリエーション活動について」『きずな：一般社団法人日本鉄道運輸サービス協会協会誌』13巻（2012）30-32頁

自然保護への取り組み

　自分が子どもだった頃と比べ、家のまわりの野山や川はどうなっているだろうか。ここ20年で自分の住む町や近隣の市町村は緑が増え、街は綺麗になったのだろうか。

　現在の日本社会は、大量生産・大量消費を謳った高度経済成長、バブル景気を経て確実に豊かになってきている。その後、平成の大不況に突入したものの、科学技術はさらに進歩し、低価格で高品質な商品が増えている。このように物質的に豊かで便利な社会になったといえるものの、一方で世界的に環境悪化のニュースが取り上げられ始めた。開発国、急速な経済発展を遂げた国、そして日本でも環境問題は大きな関心事となり、いわゆるエコ商品が街中に溢れ出している。自然保護、環境問題は現在、そして未来において重要な問題となった。

1　自然保護の世界的な取り組み

　環境破壊を食い止め、豊かな自然を未来に残していく取り組みは、世界中で見ることができる。ここではその中でも代表的な、世界遺産、国立公園、ジオパークを取り上げる。

国立公園

　1872年、世界で初めての国立公園である、イエローストーン国立公園（Yellowstone National Park）がアメリカで誕生した。その後も世界各地で国立公園は増えていき、現在では世界中にその制度が導入されている。日本にも2015年1月段階で、31地域が国立公園に指定されている（詳細はChapter20「アメリカの国立公園」、Chapter19「日本の国立公園」を参照）。

これからのレジャー・レクリエーション

世界遺産

1972年のUNESCO（国際連合教育科学文化機関）総会において、「世界の文化遺産および自然遺産の保護に関する条約」が成立した。世界初の国立公園が指定された1872年から、ちょうど100年後というタイミングであった。翌1973年にはアメリカが世界初の批准、締結国となり、さらに1975年に20カ国が条約に締結し、正式発効した。2012年で世界遺産条約は40周年を迎えた。

2014年12月現在、世界遺産は世界中で1007件が登録され、日本は18件が登録されている。日本での内訳は、文化遺産14件、自然遺産4件で、最も新しいものは2014年に登録された、「富岡製糸場と絹産業遺産群」である。

なお、登録数ではヨーロッパが上位を占めており、条約締結国の中には1件も登録されていない国があるなど、地域の偏りが問題視されている（表1）。

> TRY!
> 日本の世界遺産を調べてみよう。

【表1】国別世界遺産登録物件数（2014年10月現在）

順位	国名	物件数
1	イタリア	50
2	中国	47
3	スペイン	44
4	フランス	39
5	ドイツ	39
6	メキシコ	32
7	インド	32
8	イギリス	28
9	ロシア	26
10	アメリカ	22
⋮	⋮	⋮
13	日本	18

世界遺産年報（2015）

ジオパーク

ジオパークとは、科学的に重要かつ美しい地質遺産を有する一種の自然公園のことで、自然保護、教育的利用、地域活性化を目的としている。ジオパークには世界ジオパークと日本ジオパークがある。世界ジオパークは世界ジオパークネットワークに加盟している地域のことで、日本ジオパークは日本ジオパークネットワークに加盟する地域である。日本ジオパーク委員会の審査、推薦を受ければ世界ジオパークネットワークに加盟申請できる。

なお日本国内では7地域が世界ジオパークに、29地域が日本ジオパーク

> TRY!
> ジオパークはどのように分布しているのか、調べてみよう。

に認定されている（2014年12月現在）。

2 日本国内の環境に関する法律、条約

日本国内において環境問題、自然保護に関する主な法律は、下記の通りである。近年は自然環境の保護だけでなく、自然環境の再生や生物多様性を考慮する動きが活発である。

① 環境基本法………… 1993年制定。日本の環境政策の根幹を定めている。
② 自然公園法………… 1957年に国立公園法が廃止され、新たに制定された。
③ 自然環境保全法…… 1972年制定。自然環境の適正な保全を推進することが目的。
④ 自然再生推進法…… 2002年制定。失われた自然環境を取り戻すため、自然再生事業を推進することが目的
⑤ 生物多様性基本法… 2008年制定。生物多様性の保全と持続的な利用を推進し、自然と共生する社会を目指すことが目的。
⑥ ラムサール条約…… 1980年締結。湿地の保全に関する条約。
⑦ ワシントン条約…… 1980年締結。希少な野生動植物の国際的な取引を規制。
⑧ 世界遺産条約……… 1992年締結。普遍的価値を有する文化遺産、自然遺産の保護が目的。
⑨ 生物多様性条約…… 1993年締結。生物の多様性を包括的に保全することが目的。

TRY!
それぞれの法律、条約の概要をまとめてみよう。

- ICOMOSとは何だろう。どんな活動をしているのだろうか。
- ICUNとは何だろう。どんな活動をしているだろうか。

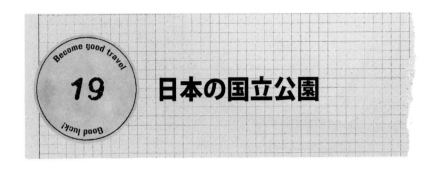

19 日本の国立公園

　世界初の国立公園の誕生（1872年）から現在まで、約140年という国立公園制度は、日本においても約80年の歴史を持つ。このように長い歴史を有する国立公園制度であるが、認知度は決して高くない。日本の国立公園は32地域（2015年11月現在）が指定されているが、その歴史や現状を把握している人は多くないだろう。そこで本章では日本の国立公園の歴史と現状について詳しく見ていきたい。

1　国立公園の歴史

第2次世界大戦前の国立公園

　日本で国立公園が国会の場で初めて議論されたのは、1911年（明治44年）の第27回帝国議会においてであった。帝国議会には「日光山ヲ大日本帝国公園トナスノ請願」、「明治記念日本大公園創設ノ請願」、「国設大公園設置ニ関スル建議」が提出された。これは大景勝地の保全と名所旧蹟の修復にとどまらず、遊覧所の拡充、交通機関の利便化にもおよび、観光的な開発も同時に要求されている。このように日本の初期の国立公園指定に向けた運動は、自然保護にとどまらず国立公園の観光的利用という目的が含まれていることが分かる。国立公園内の開発を要求するということは、自然保護の理念と矛盾が生じているとも言える。

　1920年（大正9年）、内務省は1916年の提言を受けて国立公園制定の準備に取りかかった。同年に地理課が、翌年には保健課がそれぞれ、国立公園候補地の調査を開始した。しかし1920年の戦後恐慌、1923年の関東大震災を受け、政府は財政上の理由から当面の間、国立公園の実現は難しいとの方針を出す。それでも林学博士の本多静六、田村剛らが国立公園運動の復興を目指し、1927年に国立公園協会が設立された。

　国立公園協会の活動の結果、内務大臣安達謙蔵を会長とした国立公園調査

村串仁三郎『国立公園成立史の研究—開発と自然保護の確執を中心に』法政大学出版局（2005）

会が、閣議決定により発足した（1930年）。これにより、国立公園設立の機運は一層高まり、翌年国立公園法制定につながった（1931年4月）。

このような中、1934年3月に、雲仙、霧島、瀬戸内海の3地域が日本で初めて国立公園として指定された。その後、同年12月に5地域（阿寒、大雪山、日光、中部山岳、阿蘇）、1936年2月に4公園（十和田、富士箱根、吉野熊野、大山）と数を増やしていき、第二次世界大戦までに12地域が国立公園に指定された。

「阿蘇くじゅう国立公園」阿蘇の草原（2011年筆者撮影）

第2次世界大戦後の国立公園（1945年～）

第2次世界大戦後の占領下（1945～1952年）において連合国軍総司令部（GHQ/SCAP）は、日本政府に対して国立公園を管理・運営するための中央集権管理機構の設立を提言した。これはアメリカ合衆国の国立公園局をモデルにしたものである。

しかし、当時の政府は財政難や国内の社会情勢を考慮し、GHQ/SCAPの提案した国立公園局のような組織を設立することができなかった。そこで、政府は当時の財政状況から国立公園を観光的に利用する政策を強化するに至ったが、その過程で国立公園内の電源開発をめぐる問題が発生した。この問題で自然保護派は、尾瀬などの一部で絶対反対の立場を崩さなかった

が、その他の地域については産業や電源開発を考慮に入れる形での施策に妥協し、条件付きの開発を認めた。この出来事は、日本におけるアメリカ型の国立公園管理制度の確立の可能性が消滅したことを意味した。

法律面では、1931年制定の国立公園法が廃止（1957年）され、新たに自然公園法が制定された。これが国立公園の性格を決定する転換期となった。この新法の特徴は国立公園、国定公園、都道府県立自然公園をまとめて1つの制度としたことにあった。また所管については、内務省衛生局保健課から1938年に厚生省の管轄となり、戦後の占領下では連合国軍総司令部の管轄下となるが、やがて1952年に厚生省に戻り、1971年に環境庁、2001年に環境省へと移管された。

2　国立公園の現状

1934年に日本で初めての国立公園が指定されてから、2015年11月現在までに32の国立公園が指定されている。初めて指定された地域は雲仙、霧島、瀬戸内海であり、最も新しい国立公園は、2015年3月に指定された妙高戸隠連山国立公園である。日本の国立公園は、北は北海道から南は沖縄まで広範囲に分布し、それぞれが固有の特徴および自然景観を有している。

TRY!
日本にある31の国立公園をまとめてみよう。

現在、日本の国立公園の管理・運営を行う環境省は、国立公園利用者のために国立公園の自然・文化の情報提供と、自然環境教育を目的とした施設・人材を配置している。その代表がビジターセンターである。ビジターセンターは、それぞれの公園内の動植物、地形、地質、歴史などを来館者に分かりやすく解説している。このビジターセンターには環境省直轄以外にも、都道府県、市町村が管理・運営するものがある。例えば、富士箱根伊豆国立公園にあるビジターセンター（田貫湖ふれあい自然塾）では、子ども向けの展示を増やし、親子で楽しめる施設となっている。このように、各ビジターセンターごとに工夫を凝らしている。

TRY!
国定公園、都道府県立自然公園は国立公園とどう違うのだろうか。調べてみよう。

3　地域制公園

日本の国立公園はアメリカやカナダ、オーストラリアに代表される造営物公園制度ではなく、地域制公園制度を採用している。地域制公園は、公園内のほぼ全ての土地が国有地である造営物公園と違い、公園内に国有地、公有地、私有地が混在している。また日本の国立公園内にある国有地の大半が国有林である。公園内に公有地、私有地が含まれているだけでなく、国有林は

林野庁の管轄であることが、管理をさらに複雑にしている要因となっている。これは（公園内に公有地、私有地が含まれていることから）規制をかける際には土地所有者との調整が重要となること、また（国有林は林野庁の管轄であることから）環境省が公園内の管理、規制が容易に行えないことなどによる。

「磐梯朝日国立公園」五色沼（2012 年筆者撮影）

- 環境省は国立公園の指定数を今後増やしていくだろうか。
- ビジターセンターについて詳しく調べてみよう。

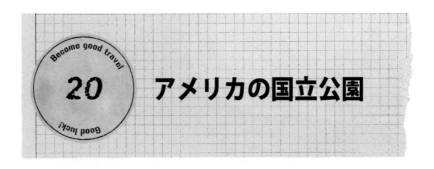

アメリカの国立公園

ナショナル・パーク（National Park）、すなわち国立公園は、アメリカ発祥の制度である。この1872年につくられた国立公園制度は、今や世界中の国々で採り入れられている。

本章ではアメリカ合衆国の国立公園制度の歴史、管理について概説する。

加藤峰夫『国立公園の法と制度』古今書院（2008）

1 国立公園の歴史

1803年にアメリカ第3代大統領トーマス・ジェファーソンは、フランスから購入した全ルイジアナ地方（ミシシッピ川流域の広大な地域）を調査するため、ルイス・クラーク探検隊を組織した。その後、探検隊の一員のジョン・コルターが毛皮資源の調査のためワイオミングを通過した際（1807年）に、イエローストーン（後に世界初の国立公園となる）を発見した。この雄大な自然の存在が広まる中、内務省地理調査部長のヘイデン博士は原生景観を保護するために、これらの地域を国有化しなければならないと考えた。しかし当時は財政的理由や、イエローストーンの大自然を見たことがない議員が多かったため、国有化に反対する議員が大半であった。そのためヘイデン博士は反対派を説得するため、J・W・バロー大尉を隊長としたヘイデン調査隊を組織した。このヘイデン調査隊には画家や写真家が同行し、その際に描いた絵や写真が、イエローストーン公園法の公聴会で公開された。すると、今まで冷笑的であった反対派の議員も態度を変え、この法律に反対する議員はいなくなった。また、これと同じ時期にジョン・ミュアがヨセミテバレーに到達し、この地の素晴らしさを全米に知らせる活動を始めた。

こうしてイエローストーンやヨセミテなどに注目が集まり、国立公園設立に向けた機運が高まっていった1872年に、時の大統領ユリシーズ・グラントがイエローストーン公園法に署名し、世界初の国立公園：イエローストーン国立公園が誕生した。その後1890にはヨセミテ、セコイア、キングスキャ

ニオンのグランドグローブが国立公園に指定された。
　こうして誕生した国立公園であったが、当時は専門的に管理する組織がなく、国立公園は荒れ放題となっていった。そうした中、1915年に次期内務長官に任命されていたフランク・レーンと、米国地理学協会のギルバート・グロブナーが公園の自然保護について話し合い、多くのアイデアが出された。そしてこのアイデアが基になり、アメリカ国立公園実施法が1916年に制定され、さらに国立公園局が発足し、国立公園の管理を担当することとなった。

2 国立公園の管理組織

　アメリカの国立公園は、ナショナル・パーク・サービス（National Park Service：国立公園局）が管理している。国立公園局は、ナショナル・パーク以外にも下記のエリアを管理している。

＜国立公園局の管理地域＞

ナショナル・パーク（National Park）
ナショナル・モニュメント（National Monument）
ナショナル・プリザーブ（National Preserve）
ナショナル・ヒストリカルパーク（National Historical Park）
ナショナル・ヒストリックサイト（National Historic Site）
ナショナル・バトルフィールドパーク（National Battlefield Park）
ナショナル・ミリタリーパーク（National Military Park）
ナショナル・バトルフィールド（National Battlefield）
ナショナル・バトルフィールドサイト（National Battlefield Site）
ナショナル・メモリアル（National Memorial）
ナショナル・レクリエーションエリア（National Recreation Area）
ナショナル・シーショア（National Seashore）
ナショナル・レイクショア（National Lakeshore）
ナショナル・リバー（National River）
ナショナル・リサーブ（National Reserve）
ナショナル・パークウェイ（National Parkway）
ナショナル・トレイル（National Trail）
インターナショナル・ヒストリックサイト（International Historic Site）

TRY!
国立公園局の国立公園以外の管理地域を調べてみよう。

このように国立公園局は国立公園以外にも多くの地域を管理している。ちなみにカリフォルニア州・サンフランシスコにあるゴールデンゲートブリッジ周辺（図1）や、自由の女神像も国立公園局の管理である。

【図1】San Francisco Maritime National Historical Park（2012年著者撮影）
※奥に見えるのがゴールデンゲートブリッジ

なお、国立公園は現在59地域が指定されており、各公園がさまざまな特徴を有している。一般的に国立公園と聞くと、山や森といったイメージを抱くことが多いと思うが（図2）、その他にもデスヴァレー国立公園のように、森林のイメージとは、かけ離れた国立公園もある（図3）。

【図2】ヨセミテ国立公園（2010年著者撮影）

PART 2 レクリエーション理論
Chapter20 アメリカの国立公園

【図3】デスヴァレー国立公園とその地表拡大図（2010年著者撮影）

3 国立公園の管理者

　アメリカの国立公園はPark Ranger（以下レンジャーとする）と呼ばれる国立公園局の職員が管理している。レンジャーの仕事は大きく分けて2つあり、1つは公園内の自然などの維持・管理にあたること、もう一つは国立公園を訪れた人々を案内し公園の解説を行うことである。これらのレンジャーは気候学や生物学、歴史学など関連分野の学科を卒業しており、専門的な知識を有していることが特長である。

　また、彼らには公園を管理する上での強力な権限が与えられ、公園内の消防権や逮捕権がある。場合によっては銃の所持も認められている。このように国立公園は各州の州法の適用外である。2012年にカリフォルニア州でフォアグラの提供が禁止された際、州法が及ばない国立公園内であることから、フォアグラを提供したレストランがあったが、これは国立公園が独立したエリアであることを物語っている。

4　営造物公園

TRY!
世界中で営造物公園制度を導入している国はどこか調べてみよう。

　アメリカの国立公園は営造物公園の制度を採用している。営造物公園とは管理組織（ここでは国立公園局）が土地の権限を取得し、公園を維持・管理し一般に開放している公園のことを言う（Chapter19、3節参照）。アメリカの他にカナダやオーストラリアがこの制度を採用している。

- 国立公園内で禁止されていることは何だろうか。
- 国立公園に開園時間はあるのだろうか。
- 入園制限について調べてみよう。

Column

　「アメリカの国立公園の父」と称されるジョン・ミューアは、19世紀後半の自然保護運動を牽引し、国立公園創設に一生を捧げた人物である。セコイヤ、マウントレイニヤ、ペトリファイドフォーリスト、グランドキャニオン等の国立公園の制定にも携わった。これが「国立公園の父」と称される所以である。

　また彼は、数々の国立公園を守ってきた伝統を持ち、現在会員数が50万人を越えるアメリカ有数の自然保護・環境保護団体の一つである「シエラ・クラブ」の初代会長でもある。1892年、彼の言葉によれば、「自然のために何事か為し、山々に喜んでもらうため」にシエラ・クラブを設立し、1914年にその生涯を終えるまで会長を務めた。

これからのレジャー・レクリエーション

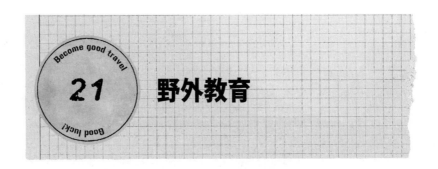

21 野外教育

　野外教育は机上論ではなく、実践教育である。本章では、はじめに野外教育の定義概念について述べる。次に野外教育の初期の頃に触れながら、野外教育で取り上げられる活動名を紹介する。最後に実際のプログラム開発を例に、解説していく。

1　野外教育とは

　野外教育の「野外」を広辞苑で調べると、「のはら」「郊外」「屋外」とある。「教育」は教えること、学習することであることは説明するまでもない。例えば、陸上競技場で走り幅跳びや砲丸投げを教えることは、「野外教育」ということになる。

　以前、筆者は日本キャンプ協会の研修で、野外教育に関する概念規定の説明を受けたことがある。その時の話では、これは広義の解釈であると断りながら、「家から外出し、外出先の『ある場所』で教育活動をしたり、または自身が参加することである」と説明していた。この考え方は日本キャンプ協会では今でも続けられている。野球春季キャンプも、キャンプ経験として認められている。

　ただこの説明は言語上の解釈であり、一般にはなじまない。野外教育についての現在の概念は、「自然の中で自然を利用して行われるさまざまな活動」である。具体的に言えばキャンプ、ハイキング、スキー、スノーボード、カヌーといったスポーツ活動や、植物、動物、雑草、昆虫、星座などの自然観察活動などを通じて行われる教育活動である。そして、参加者（青少年）の自然に対する興味関心を育成させ、知的、身体的、精神的に向上することを支援することである。

野外活動には空域・山野・水域といった領域を利用するものがある。詳細について、日本野外教育研究会 「野外活動-その考え方と実際」 杏林書院（2001）を読んでみよう。

2 初期の野外教育

　日本初のサナトリウム（Sanatorium：結核治療のための長期療養施設）は、1887年に建てられた鎌倉の「海浜院」と、茅ヶ崎の「南湖院」であった。これらのサナトリウムでは、高齢者よりもむしろ若年層（青少年、児童）の入院患者が多く、ブロートン式の野外学校が併設されていた。

　施設内では多数の青少年、児童のために、食事（栄養）、睡眠、診察と治療などの生活指導がされ、さらに教育活動として、算術、歴史と地理、自然研究（園芸教育、切紙細工、鍛冶仕事、粘土細工、その他課業として読書、作文、音楽、裁縫、編物なども行われていた。

　サナトリウム、結核療養所、ブロートンが紹介した野外学校は、海岸や森林の中に建てられた。それは、紫外線に殺菌作用があることや、当時の医療者たちが、森林には結核の治療に効果があることを経験上、知っていたからである（森林浴がブームだが、植物からフィトンチッドという物質が多量に放出され、それが、抗菌・消臭作用、安らぎと力をもたらすなど健康に良いことが分かっている）。

　日本最初のキャンプは、YMCAが日光中禅寺湖南岸で実施されたものと言われている（1922年8月1日～10日）。中等学生18名に、コックや医師を含めた総勢24名で、9泊10日のテント生活を行った。このとき、聖書研究、キャンプ・ファイヤー、スカウティング・ゲーム、水泳などを楽しんだ。翌1923年からは小林弥太郎が提供した土地でキャンプを行うようになった。当時はキャンプを「テント生活」「天幕生活」と呼んだ。戦時下に入ると「野営」「露営」の言葉も使われた。

3 野外活動の種目

　野外活動の種目を大まかにみてみると、過去の生活技術と融合されたものが多い。筏、カヌー、スキー、魚釣りなどである。一方、スポーツ・レクリエーションとして、初めから意図して作られた活動としては、バスケットボール、バレーボール、スノーモービル、水上スキーなどがある。

（自然を活用した身体的活動）
　スキー、登山、ハイキング、沢登り、マウンテンサイクリング、川下り（泳いで）、カヌー、熱気球、ウォータースキー、木登り、ゴムボート、ボート、筏、ラフティング、キャンプ、スノーモービル、スケート、トボカン、雪

大阪結核予防協会編『ブロートン氏　野外学校』大阪結核予防協会（1919）

TRY!
野外生活と結核の関連性について調べてみよう
【資料】谷田貝光克『森林の不思議』現代書林（1995）

YMCAの野外活動について調べてみよう。
【資料】斉藤実『日本キリスト教青年会百年史』東京キリスト教青年会（1980）

ヒント

小林弥太郎：実業家、コロンビア大学でジョン・デューイの進歩主義教育を受ける。YMCA活動に貢献した。1932年に小林によって始められた野尻学荘は日本における野外教育実践の草分の１つ。

河田祐慶『天幕生活』ジャパンキャンプクラブ（1925）

中歩行（かんじき）、スノーボード、スケート、魚釣りなど

（自然を学ぶ活動）
自然観察、星座観察、昆虫採集、植物採集、バードウォッチング、動物観察、気象観察・観測

（自然の中での活動）
木工作（木工クラフト）、音楽演奏、合唱、ブランコ造り、写真、演劇、山小屋造り、森林浴、美術（絵画クラフト）、英会話

4 プログラム開発の過程

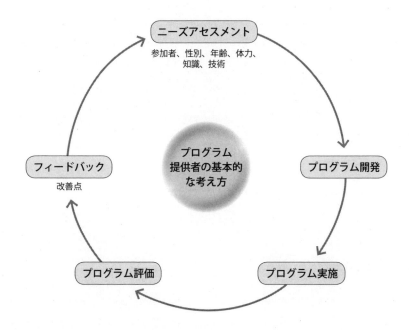

　プログラム開発の過程で重要なのは、「ニーズアセスメント」→「プログラム開発」→「「プログラム実施」→「プログラム評価」→「フィードバック」の順に、螺旋階段のように回転、上昇しながら、プログラム自体が改善発展することである。

5　野外教育のプログラム開発

　野外活動のさまざまな種目から、1つを取り上げ青少年に指導する場合、指導者は合理的に分りやすく教えなければならない。ややもすると指導者は、考えを押し付けてしまうので注意しなければならない。

　今日の生涯教育、成人教育の現場では「教育」という言葉を使わず、「学習」を用いている。学習者主体＝Learningの考え方である。このため指導者を、学習援助者、メンター（Mentor）といった呼び方をする。なお、小学校から大学まで「カリキュラム」を使っているが、野外教育の場では「プログラム」で統一されている。

　プログラム開発上の重要事項は、下記に挙げる6項目である。

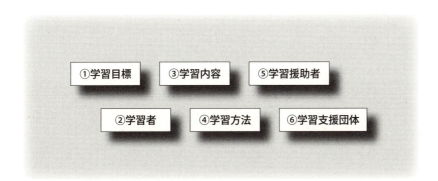

Jerold W.Apps, *Problems in Continuing Education*, McGraw-Hill Book Company

Alan B.Knox, *Strengthening Adult and Continuing Education*, Jossey-Bass, 1993

　ここで、スキーを例に、学習プログラムを作成してみる。まず、学習目標を立てるにあたり、**②学習者**を知らなければ、目標のセッティングはできない。年齢、性別、スキー技能、体力などを勘案して目標を決める。目標は高からず、低からず、達成可能な水準とする（上記に挙げた6項目は1から見て順次決めるのではなく、全体を見ながら各々の項目を見合わせながら決めていくことが大切である）。

　実際に「大学1年生の男女10名、スキー経験なし」というプログラムを考えてみよう。「対象者10名は全くスキーが滑れない。スキー板もスキーブーツもスキーウエアも身に付けたことがない」……この情報から、**①学習目標**を立てると、「彼らが帰宅するまでの4日間のうちに、スキーツアー（さまざまな滑降斜面を体験する）に参加できるまで上達させる」となる。

　次にこの学習目標を達成するために、**③学習内容**をどうするか考えなければならない。例えば「スキーウエアの着用、スキーブーツの履き方、スキーブーツとスキー板の着脱、スキー板を装着した雪上歩行、緩斜面の直滑降、スキー

板に乗ることを覚える」。さらに「プルークボーゲン、シロテムターンなどに発展していく」等々。

　④**学習方法**は、学習内容によって決められる。たいていはインストラクターのデモンストレーションで理解できる。しかし十分な時間がない場合は、自宅でビデオ、DVD等でさまざまな滑降を学び、スキー場に足を運べば上達が早い。

　⑤**学習援助者**、すなわちインストラクターは学習者との意思の疎通が大切である。以前、少数であるが異性に教わりたくないという学生がいた。最近はあまり見かけないが、学習者と学習援助者との信頼関係が大切であることに変わりはない。

　⑥**学習援助団体**はプログラム全体を管理し、特にプログラムの金銭的スポンサーとなる。多くは自治体（市町村）や企業が支援に携わる。しかし、参加者の減少や苦情が多ければ、当該スキープログラム自体が、廃止に追い込まれてしまうことになる。

TRY!
野外教育はさまざまなプログラムが実施されているが、それぞれの組織・団体等でどのようなものがあるか調べてみよう。

野外教育の指導者養成の現状と問題点を調べてみよう。

・自分が所属しているサークルのプログラム開発（トレーニングスケジュール）に挑戦してみよう。

・食物連鎖とは何か調べてみよう。

・1920年代のテントと今日のテントを比較してみよう。

Chapter22 障がい者への対応と共存

近年、障がいのある人たち（以下、障がい者）を支援するさまざまな取り組みや提言が活発に行われてきている。障害者基本法第4条では、「何人も、障害者に対して、障害を理由として、差別することその他の権利利益を侵害する行為をしてはならない」とあり、これはわが国において根深く残る、障がい者に対する差別や偏見をなくし、多くの人が共生できる社会を構築していくために重要なことである。また、障がい者が主体性を持ち、自己決定に基づく日常生活や社会参加を促進していく過程を後押しするものである。このような考え方をくみ取り、表1のように、国内のみならず国外でも多くの国や地方自治体が条例を制定し、具体的な施策へと発展している。

1　差別や偏見に係る施策と支援の現状

わが国における障がい者数の概算は、「障害者白書（平成23年版）」によると、身体障がい者（「視覚障がい」、「聴覚・言語障がい」、「肢体不自由」、「内部障がい」）366万3千人、知的障がい者54万7千人、精神障がい者（「気分（感情）障がい（躁うつ病を含む）」、「統合失調症、統合失調症型障がい及び妄想性障がい」、「神経病性障がい、ストレス関連障がい及び身体表現性障がい」、「てんかん」等）323万3千人となっている。実にわが国民のおよそ6%の人が何らかの障がいを有していることになり、広く社会一般の人々が、障がい者に対する知識や理解を深めることが共生には必要不可欠である。

しかしながら、多くの人々がそうであるとは言えない。ある重度視覚障がい者の身に起こった事を紹介しよう。ある日、帰宅するためにいつも通る商店街を白杖（視覚障がい者が歩行の際に手に持ち、前方の路面や障害物を触擦して使用し、目の代わりとなって外界の情報を取得する杖のこと）を持ちながら歩いていると、お酒に酔った中年の男性に軽く触れてしまったので「ごめんなさい」と言ったところ、「どこ見て歩いているのだ、このめくらが」

「障がい者」という言葉で「がい」や「害」と記載している箇所が混在しているが、法令や定期刊行物の引用箇所では「害」を使用している。その他文中では、「害」という文字から不快に感じる人が1人でもいるのは好ましくないことを鑑み、「がい」と記載しているが、「がい」や「害」という文字の区別によって差別や偏見を表すものではない。

内閣府『平成23年版　障害者白書』佐伯印刷（2011）

TRY!
あなたの周辺で見聞きする差別表現や発言をまとめ、どのような状況が伴っているのか調べてみよう。

これからのレジャー・レクリエーション

TRY!
わが国では障がいのある人が大学へ進学する割合が、諸外国に比べて低い。どのようなことが障壁になっているのだろうか話し合おう。

と怒鳴られると同時に、まわりにいた人からは「目が見えないのだから仕方ないのだよ」と言われ、非常に怖い思いと悲しい気持ちになったという。また、車いす生活の障がい者で、なるべく動きやすい格好でいられるように善かれと思って配慮され、いつも同じジャージなどの服装をして生活してきたが、実はおしゃれな配色の服装や小物を身につけたいという想いを持ち続けてきたという調査結果も報告されている。このような事例はほんの一例であり、障がい者であるがゆえに理解してもらえないことや受け入れてもらえないことが日常生活には無数に存在していると思われる。さまざまな施策によって多くの改善点が見られるが、高度な文化的な社会をつくりあげるためには、より一層、多くの人々がお互いの人権や個性を尊重し合える「心」や「感情」を育むことも重要なことである。

【表1】国内外の障がい者差別禁止法及び条例

自治体名 または国名	禁止法・条例名
熊本県	障害のある人もない人も共に生きる熊本づくり条例
岩手県	障がいのある人もない人も共に学び共に生きる岩手県づくり条例
北海道	北海道障がい者及び障がい児の権利擁護並びに障がい者及び障がい児が暮らしやすい地域づくりの推進に関する条例
千葉県	障害のある人もない人も共に暮らしやすい千葉県づくり条例
さいたま市	誰もが共に暮らすための障害者の権利の擁護等に関する条例
アメリカ	Americans with Disabilities Act:ADA（障害のあるアメリカ人法）
カナダ	Canadian Human Rights Act（カナダ人権法の中で障害者への差別禁止を明記）
イギリス	Disability Discrimination Act:DDA（障害者差別禁止法）
ハンガリー	On Provision of the Rights of Persons Living with Disability and Equality of Opportunity（障害者の権利と機会の均等に関する法律）
オーストラリア	The Commonwealth Disability Discrimination Act 1992:DDA （1992年障害者差別禁止法）

2 障がい者とさまざまな身体活動

ところで、障害者基本法第25条には、「国及び地方公共団体は、障害者が円滑に文化芸術活動、スポーツ又はレクリエーションを行うことができるようにするため、施設、設備その他の諸条件の整備、文化芸術、スポーツ等に関する活動の助成その他必要な施策を講じなければならない」とある。実際に、障がい者によるコンサートや障がい者も楽しめる舞台芸術講演、展覧会が開催されたり、文化施設や公共交通機関がバリアフリー化されて利用しやすくしたり、さまざまな障がいの状態に合わせた用具や情報伝達機器が開発されたりしている。また、全国障害者スポーツ大会、全国ろうあ者体育大会、ジャパンパラリンピック大会、デフリンピック、スペシャルオリンピックス世界大会、パラリンピック競技大会などのスポーツ大会や、野外活動などのレクリエーションや遊びの場などが数多く開催され、多くの障がい者が健康な心と体を養うとともにスポーツ又はレクリエーションの楽しさを経験することから障がいの困難を乗り越え、自発的に社会参加していこうとする様子が見られる。

体になんらかの障がいがあるという理由で、生活範囲が狭まることや友人ができないこと、引きこもりがちになってしまうことによる運動不足やコミュニケーションの欠如などの問題が発生してしまう可能性を指摘する声や、まわりの人と同じことができないことによる疎外感や劣等感を感じている人も多いと思われるが、まさに文化芸術活動やスポーツ、レクリエーションがこの課題を克服させてくれるはずである。

ここで、スポーツについて着目すると、スポーツのルールや器具を障がいの状態や程度に適合させることによって障がい者のみならず、幼児から高齢者、体力の低い人など誰でも同じスポーツに参加できるという、アダプテッド(adapt：適合させる)スポーツが提唱されてきている。アダプテッド・スポーツは、基本的には既存のスポーツを修正したものと、障がい者のために考案された独自のスポーツで行われ、**表2**のように多種多様なスポーツが展開されている。レクリエーションスポーツから競技力向上を目指したスポーツまで幅広く、障がい者がスポーツによって自己実現や目標達成をする際に、さまざまなスポーツが用意されていることは、参加の動機づけを高めるものである。また、何らかの事故やけがで体に障がいを負った人が、社会復帰を目指してリハビリテーションに取り組む過程の中でアダプテッド・スポーツが大きな役割を果たすことも考えられる。この場合には、筋力や柔軟性、敏捷性などの身体面とスポーツを行うことによる自信や積極的な気持ちを回復

日本障害者スポーツ協会のホームページにはどのようなスポーツがみられるだろうか。
http://www.jsad.or.jp/

高橋明『障害者とスポーツ』岩波新書（2004）

矢部京之助・草野勝彦・中田英雄『アダプテッド・スポーツの科学　障害者・高齢者のスポーツ実践のための理論』市村出版（2004）

【表2】多用なアダプテッド・スポーツの種類

※各競技において詳細な種目やルール（施設や用具など）が設けられている
※高橋明（2004）『障害者とスポーツ』岩波新書より著者作表

させるなどの心理面に影響を及ぼし、心身の相互的な機能回復に有効となるであろう。スポーツが人間の心身に及ぼす影響が多岐にわたることは科学的にも実証されてきており、今後さらに、障がいの有無に係らず、多くの人がスポーツ参加できる環境が整備されていくことが望まれる。

3　障がい者とその援助者の援助について

　わが国においては、障がい者が自立して社会参加できるように支援する体制が着実に整備されてきているところである。もちろん、現場の援助者は、障がい者が障がいに至った経緯が多様であり1人1人にきめ細やかな支援を行う必要性があるという共通認識を持って支援している。しかしながら、これらの援助者を援助することについての体制は不十分であると言わざるをえない。確かに、「障害者白書（平成23年版）」では専門的知識を持った専門職種の養成や確保、または研修の充実について言及しているが、従事している援助者が現場で直面する不安や悩み、戸惑い、葛藤などのさまざまな苦しみや困難を援助する体制が整備されているようには思えない。支援の現場で増える燃え尽き症候群や離職という現実は、援助者を援助する体制が十分でないということを少なからず反映しているのではないだろうか。これらは、現代社会があまりにも契約やサービスによって等価交換価値として対価を受

村田久行『援助者の援助』川島書店（2010）

け取ることをさまざまな事柄に当てはめすぎた結果のように思われる。つまり、人類が長年行ってきた支え合い助け合いながら生活を営むことにまで、市場原理を当てはめて考えようとしているのである。そして、支援の現場ではマネージメントや仕事の効率化が優先され、人の援助が隅に追いやられてしまっているという指摘もある。これらの現況の改善のために、援助する側の援助体制を見直し整備することは、喫緊の課題であり、人と人とが直に関わりあう社会として、困っている人や苦しんでいる人がいれば、当然のこととしてその人に手を差し伸べ、その困難を共有し解決していけるようにしたいものである。

・障がいのある人が巻き込まれた事故などを調査し、その事例から考えられる改善点を話し合おう。

・今後の高齢社会において身体に何らかの障がいを持つ人が増えると思われるが、どのような技術が役立つのだろうか。

23 青少年の非行問題

警察庁『平成23年中における少年の補導及び保護の概況』警察庁生活安全局少年課（2012）

わが国においては、20歳未満を少年と定義し、成人との区別をしている。少年法第3条第1項によれば、罪を犯した14歳以上20歳未満の者を「犯罪少年」、刑罰法令に触れる行為をした14歳未満の者を「触法少年（刑法犯や特別法犯の罪に触れる行為をした触法少年も同記）」といい、保護者の正当な監督に服しない性癖があるなど、一定の事由があって、その性格又は環境から判断して、将来、罪を犯し、又は刑罰法令に触れる行為をするおそれのある少年を「ぐ犯少年」という。そして、警察庁による「少年の補導及び保護の概要」では、「犯罪少年」「触法少年」「ぐ犯少年」を合わせて「非行少年」と記している。また、刑法犯の罪を犯した犯罪少年で、犯行時及び処理時の年齢がともに14歳以上20歳未満の少年を「刑法犯少年」としている。なお、「非行少年」には該当しないが、飲酒、喫煙、深夜はいかいその他自己又は他人の徳性を害する行為をしている少年を「不良行為少年」と記している。

1 少年非行等の現況と諸形態

TRY!
非行等の形態の中で薬物乱用についてとらえた場合に、覚せい剤事犯については男女とも減少傾向がみられるが、総数に占める女子の割合が、2012年を基準にして過去10年連続して男子を上回っている。特に「高校生」では男子と比較して多い年だと10倍以上多い。この背景にはどのような要因が潜在していると考えられるだろうか。

具体的な行為としては、殺人、強盗、放火、強姦、傷害、恐喝、詐欺、横領、偽造、ひったくり、万引き、自動車盗、車上ねらい、薬物乱用、風俗犯罪などであり、非行に至る過程が比較的容易で動機が単純なことから、計画性や知能性、凶悪性が高いことまで幅広く、これらは社会的な問題として取り上げられてきている。

警視庁による「少年非行情勢（平成24年上半期）」では、平成24年上半期における刑法犯少年の検挙人員は、昨年と比較して減少し、10年連続減少していると報告している。しかしながら、平成23年のみで刑法犯少年の検挙人員は7万7千人を超え、補導人員は1万6千人を超えるという状況であり、また凶悪犯（殺人、強盗、放火など）は2年連続で増加している。

警察庁『少年非行情勢（平成24年上半期）』警察庁生活安全局少年課（2012）

2 初犯と再犯の傾向

　ところで、近年になって刑法犯少年の初犯者数が14歳で最多となるなど、低年齢化の進展がみられるような状況である。一方、刑法犯少年の再犯者数は2万5千人以上であり、過去14年連続して再犯者率は増加しており、非行を繰り返し、より本格的な非行へと深化していく危険性を指摘する声もある。平成23年は32.7%の再犯率となり、統計のある昭和47年以降で最も高い値となっている（図1）。

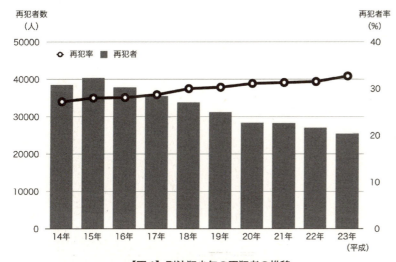

【図1】刑法犯少年の再犯者の推移
（『平成23年少年非行等の概要（警察庁生活安全局少年課）』より著者作図）

　また、少年非行の共犯率は成人と比較すると高く、集団心理によって逸脱行動に弾みがつき、仲間と面白半分な気持ちで罪を起こし、時には自慢げにそれを見せ話題にすることさえあり、公共のルールに基づく社会で生活しているという意識が低い現状である。平成23年版『犯罪白書』によると少年のみによる共犯率では、強盗が高い水準であると同時に、少年と成人の共犯になると強盗や窃盗、詐欺といった犯罪で水準が高くなり、少年が成人の影響を受けることによって犯罪の多角性を招くことが伺える。薬物事犯においても低年齢で関与していく事態が多数あり、薬物による精神的かつ身体的な依存性が非常に高く、日常生活に支障をきたす事態に陥る危険性が高いという事実を継続して啓発していく必要がある。

法務省『平成23年版　犯罪白書
少年・若年犯罪者の実態と再犯防止』
法務省法務政策研究所（2011）

3 非行の動機と時間・場所の関係

　図2の非行時間帯では、昼間と夜間に大きな差は見られないが、16時から18時の時間帯が最も多くなっている。中でも凶悪犯は夜から朝方にかけて非常に多く、窃盗犯（万引きなど）や知能犯（詐欺、横領、偽造など）は昼間が多いという特徴がある。非行場所は、図3のように報告され、多く報告されている場所は、駐車（輪）場やデパート・スーパーマーケットであり日常生活を営む上で密接な場所となっている。特に窃盗犯は、少年の非行として最も多い割合で発生している。

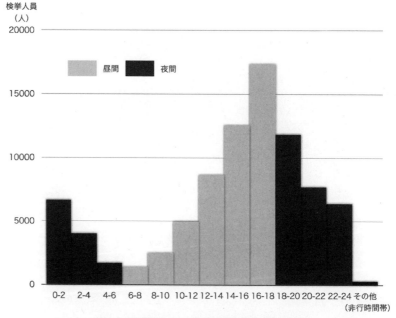

【図2】刑法犯少年の非行時間帯別検挙人員数
（『平成22年少年の補導及び保護の概況（警察庁生活安全局少年課）』より著者作図）

TRY!
ある商業施設では、店内で青少年による窃盗が行われても警察に通報しないという。このような組織（社会）としての対応について、意見を出し合おう。

　非行に至った原因や動機は、大半は私利私欲によるものである。これらは遊ぶお金目当てや所有・消費目的であり、遊び・好奇心・スリルを感じるためであり、非常に短絡的かつ無能な動機で非行に移ってしまう様子を垣間みることができる。一方で、怨恨や憤怒といった否定的な感情的・突発的な発現や長年の蓄積が非行となって現れることも想定でき、そのような状況を生み出さないような環境づくりを意識することが重要である。

PART 2　レクリエーション理論
Chapter23　青少年の非行問題

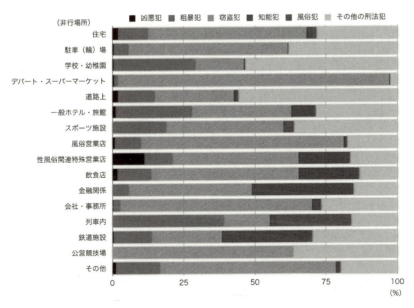

【図 3】刑法犯少年の非行場所及び包括罪種別検挙人員の割合
(『平成 22 年少年の補導及び保護の概況(警察庁生活安全局少年課)』より著者作図)

4　青少年の非行を減らす環境整備について

　少年期において保護者は、家庭内における基本的生活習慣を身につけさせることや、コミュニケーションの充実、思いやりの心を育てること、社会のルールを遵守するといった公共心を育てることなどを重視する必要があると思われる。また少年非行対策においては、児童福祉機関等の複数の専門機関とも連携しつつ、地域や学校などでの地道な教育活動などによって早期に非行の芽を摘むことがますます求められていると考えられる。ただし少年期の非行や犯罪の背景には複数の要因が相互関係的、もしくは重層的に存在していると考えられるので、一様に同様の対策をとるだけでなく個人的な発育背景の特徴を捉えつつ、長期的な支援を行っていく姿勢が重要となるであろう。

・アメリカ・シカゴの警察署では非行少年たちと定期的なイベント(野球大会)を開き、一定の成果が上がっているという。はたして日本でも同様なイベントを行い成果を上げることができるだろうか。

Leisure and Recreation

コミュニティと担当組織

植村邦彦『市民社会とは何か　基本概念の系譜』平凡社（2010）

大塚久雄『共同体の基礎理論』岩波書店（2000）

TRY!
「コミュニティ」と聞いてどのようなイメージを持つか、考えてみよう。

「コミュニティ」とは日本語で共同体を意味する。かつては地域社会、地縁社会、共同社会などと訳されてきたが、近年は日本語に訳さず「コミュニティ」のまま使われるようになってきている。また法律用語にも使われるようになり、コミュニティの語はすっかり私たちにとって身近なものになったといえる。

このコミュニティという考えは、古くから存在している。日本では、江戸時代に「向こう三軒両隣」という言葉があった。これは近所付き合い（コミュニティでの付き合い）を大切にしなさいという意味である。特に長屋（江戸時代の代表的な集合住宅。今日のマンションのようなもの）においては、長屋の住人はお互い顔見知りであり、井戸端会議で情報を共有していた。またこの互いが顔見知りであることが、犯罪の抑止につながっていた。つまり、江戸時代は現在以上に地域の連携が取れていたといえる。

その後、1940年に内務省によって「隣組」が設けられた。これは10世帯程度を一組とし、それぞれの団結を促した制度であった。戦後占領下の1947年に、GHQにより解体されたが、隣組の習慣であった回覧板のやり取りは現在も残っている。

次にコミュニティの言葉の曖昧さについて考察する。コミュニティと聞いてイメージするものは、人によりずいぶんと違う。例えば、ある人は自分の住んでいる地域（例えば町内会）がコミュニティだと考える。またある人は、市区町村、都道府県と答える。さらにはインターネット上のコミュニティを指す人もいる。このように、ひとえにコミュニティと言っても各自の描くイメージが異なる。「コミュニティ」は、説明の難しい語であり、もし論文やレポートでコミュニティという語を使用するならば、筆者による定義付けをしなければならない。

TRY!
コミュニティとは何か説明してみよう。

コミュニティは広範囲にわたるものから、狭い範囲のものまで実に多様である。そこで次節からは、各コミュニティ（ここでは日本全国、都道府県、

PART 2　レクリエーション理論
Chapter24　コミュニティと担当組織

市町村、町内会）を管轄する行政の働きについて解説していきたい。

1　日本国内（全国）

レクリエーション行政

　わが国では文部科学省がレクリエーション行政を担当している。戦前、厚生省（当時）の管轄であったレクリエーション行政（当時は厚生運動）は戦後、厚生省と文部省（当時）の共管となり、その後文部省へと移管していき今日に至る。これは、GHQは中央管理機構の組織化を提案するも、当時の経済状況やCIE/GHQ内においてレクリエーションを担当する人数が少なかったことなどさまざまな要素が絡み、独立した省庁ができなかったことによる。

日本レクリエーション協会

　戦前、日本レクリエーション協会の前身である日本厚生協会が厚生省の外郭団体として設立される。厚生省設立には陸軍が絡んだこともあり、日本厚生協会も陸軍の狙いに沿った形で活動を行うことになる。すなわち戦争を視野に入れ、壮丁体位向上のために厚生運動を利用したのである。このように軍事色の強い戦前の厚生運動は戦後のGHQの改革に伴い、民主化政策の普及道具のような意味合いを持つようになる。
　レクリエーション運動を実際に展開したのが日本レクリエーション協会であった。日本レクリエーション協会は全国レクリエーション大会やフォークダンスの講習会を開き、啓蒙活動に励んだ。全国レクリエーション大会は2012年現在まで毎年継続して開催されている。

2　都道府県

各都道府県の取り組み、都道府県レクリエーション協会

　各都道府県でレクリエーション行政を担当するのは、都道府県庁内にある生涯学習課(名称は多様)である。全国レクリエーション大会の開催地となった場合は実行委員会として活動を行う。また各都道府県レクリエーション協会とも連携しながら大会運営を行っていくのが一般的である。その他、県によっては生涯学習センターを設立するなど、より多彩なレクリエーションを提供している。

TRY!
あなたの住んでいる地域のレクリエーション関連団体を調べてみよう。

3　市区町村

市区役所、町村役場、市区町村レクリエーション協会

全国の市区町村には、都道府県レクリエーション協会よりも小規模だが、より地域に密着した協会機関を持つところもある（八王子市レクリエーション協会など）。これらの協会は予算こそ少ないが、きめ細かなイベントを定期的に開催しているのが特徴である。

4　町内会

夏祭りなど年間行事

町内会にも年間行事を担当する部署が存在する。

地域の夏祭りの例では、参加人数・規模ともにわずかだが、地域密着の、大半が顔見知りという中で行われる。そして多くが歴史と伝統を持ち、代々受け継がれてきた多様な形式を持っているので、管理・運営する団体側の形式もさまざまな特徴を有している（毎年、同じメンバーの場合もあれば、持ち回りの地域もある）。

以上、おおまかに行政組織等をみてきたが、ここで1つ問題点が浮かび上がってくる。町内会は特殊な例としても、その他の組織に関しては本来、より連携しさまざまなイベントを行っていくことが望ましいが、なかなかそうなっていないのである。管轄部署等の違いにより壁は高いのかもしれない。しかし行政の連携は、住民がレクリエーション活動に参加するきっかけとして、大変重要な意味を持っているのである。

・現代社会におけるコミュニティの役割は何か調べてみよう。
・コミュニティ形成のメリット・デメリットは何だろうか。

PART 2　レクリエーション理論
Chapter25　リーダーの資質と養成

25　リーダーの資質と養成

リーダーシップという言葉は、今や政治、経済、企業経営、スポーツ活動、家族生活、学校生活、災害時などあらゆる場面で用いられている。2011年3月に発生した東北地方太平洋沖地震（東日本大震災）では、首相の「リーダーシップ」に全国民の注目が集まったことは記憶に新しい。このリーダーシップの語彙を広辞苑第六版では「①指導者としての地位または任務．指導権．②指導者としての資質・能力・力量．統率力．」と記している。また、OXFORD辞典では「① the state or position of being a leader. ② the ability to be a leader or the qualities a good leader should have. ③ a group of leaders of a particular organization, etc.」と示されている。このようにリーダーシップとは、一定の集団や組織を前提にして、その舵取りを担う能力を兼ね備えた人物が「メンバーの能力発揮を最適に促す能力」と理解するのがよいであろう。そして、その集団や組織が目標達成した（しようとした）時に効果的なリーダーシップが発揮されたと評価され、その過程でリーダーが行った決断や指示、客観的な視点、教育的配慮、先見性などが再注目されるのである。

TRY!
あなたの考えるリーダー像を一言で表現してみよう

1　実践の知から学ぶリーダーシップ

具体的にどのような場面において、誰によってリーダーシップが発揮されるのかという問いには、答え方がいくつも存在するであろう。ここではいくつかの事例から、リーダーシップを考察したいと思う。

例えば、企業再建に直面している経営者はその成否が自身のリーダーシップにかかっていると言っても過言ではない。企業再建でみられる典型的なパターンは、再建請負人が請負先に招かれ、経営陣の刷新や大規模なリストラクチャリングを行い、組織を根こそぎ変革していくというものである。しかしながら、この構造的変革のみで全ての企業の再建が果たされるわけではな

小野善生『企業再建に導くリーダーシップの研究』組織科学、40（4）65-75、2007

これからのレジャー・レクリエーション

TRY!
みなさんの身近で、リーダーシップの基礎知識が必要と思われる場面（組織）をいくつか取り上げよう。

い。そこには社員などのメンバーがおり、彼らの意識や行動を変革させるような改革を十分考察する必要がある。経営者や管理職と社員やメンバーの意識が合致し、お互いが目標達成に向けてフォローし合えるような強固な関係が築けるかどうかは、このような変革的リーダーシップには極めて重要となる。

スポーツにおいては、特に集団的スポーツのみならず個人的スポーツにおいてもリーダーシップのある指導者や監督、コーチによって好結果が得られることは数多い。ここでは、リーダーシップの多くのスタイルを見ることができる。寡黙に注意深く観察し、一見すると放任主義的な方法で、多くの指示を出さないけれども的確かつ納得する教示を与えるスタイルや、事細かく指示を出し、常に先頭に立ち目指すべき道を指し示すようなスタイルなどが見受けられる。多くの場合、集団や組織、または個人の状況や目標を確認することは疎かにできない事である。そして効果的なリーダーシップが発揮されている時は、目標設定や動機付けといった心理的要因がポジティブに働くように配慮されている場合であると言える。目標が具体化され、達成可能性が高まった時には集団や組織、個人はその目標に意味や価値を見い出すことができ、大きな力となって前進することができるであろう。

野外活動などの集団活動は、リーダーシップやメンバーシップ、組織運営、危険回避などの危機管理、セルフマネジメントのあり方などを実践的に学習することが期待できるものである。近年、野外活動や自然活動などの人間関係を育む活動が学校教育や保育の場で多く求められるようになってきているという。特に、子どもの発育発達の過程において自然と触れ合う活動は、日常生活の基礎を形成する上で重要であり、興味関心、学び、生活の質などを向上させるものとして重要である。また、ある大学の講演会で、東日本大震災の津波に襲われ奇跡的に生還された体験を拝聴する機会があったが、その時に学校体育などで教わった水泳の技術は全く役に立たなかったと聞いた。悲劇的な現状の中、必死に逃げる手段を探し、その状況ごとで最善の判断をするしかなかったという。ただし、過去に行った運動経験や野外活動、自然活動の経験が何らかの役に立ったのではないかと実感しているということであった。この場合は、自己の行動についてセルフリーダーシップを発揮し、命を守ったという事例ではないだろうか。

このように、多くの場面でリーダーシップという言葉を当てはめることができるが、これがリーダーシップであるという確固たる「かたち」は目に見えないものである。しかし、集団や組織、個人が一定の成果を残したときに行われたリーダーシップというものから学ぶべきことは多くあり、この知か

ら次なるリーダーシップの実践が生まれるということを考えれば、まさにリーダーシップというものは実践の知であるといえる。

2　リーダーに求められるリーダーシップの姿勢

　意味あるリーダーシップを果たすことのできるリーダーに必要な姿勢を3つ考えてみたい。

（1）責任感と決断力

　リーダーの中には、権限や言葉だけ振り回して行動の伴わない者やいざという時に雲がくれする者がいる。リーダーは責任感を持ち集団や組織を代表するので、ある一定の権限が付与されるのである。時には、進路変更せざるを得ない状況では思い切った決断を行い、妥協しなければならない時もある。リーダーは常に何が正しく、望ましいのかを考え抜かなければならない存在である。

（2）具体的な目標設定や成果の基準と優先順位の設定

　目標設定ではその目標が達成可能かどうかということが重要である。集団や組織のメンバーの能力以上の目標を設定することは、フラストレーションの蓄積や動機付けを低下させ、やる気が出ない状態を招く可能性を高める。目標設定では、「高からず低からず」の目標を立てることが肝心である。

　また、目標設定では目標が具体的に立てられることも重要である。小目標、中目標、大目標というように、段階的に目標設定を行い、その中に成果の基準を数値的に設けることは有効である。リーダーの腕の見せどころは、集団や組織がどれほどの能力を持ち合わせているかを見極め、いかに適材適所にメンバーを配置できるか、大目標に向けたその下位目標に対してどのように優先順位をつけていくのがベストか考察することである。また、集団や組織にとって、さらにはそのメンバーにとって、大目標が達成された場合に、どのような価値を見い出すことができるのか、ビジョンを明確にすることである。それゆえリーダーは常に現状を取り巻く事実を把握し、メンバーの目標達成への意欲を高める努力と目標達成された場合のことを考える先見性を兼ね備えておかなければならない。

（3）人への敬意

　リーダーは集団や組織のメンバーの声を聴かなければならない。個人の特

性はさまざまであるので、意見や欲求も千差万別である。どうしても集団や組織の目標と個人の目標にギャップが生じることがある。このような場合には、各メンバーの責任と権限をはっきりさせることが有効である。メンバーはその責任と権限において、リーダーから認められていると実感できるであろう。また、損得勘定を抜きにして、メンバーの1人1人を大事にできるかどうかは、リーダーの親心の強弱からくるものである。親心というのは、人を慰める、いたわる、かばうというやさしさと、叱咤激励する毅然たる態度から成り立っている。まさに、リーダーは時には厳しく、時にはメンバーをかばうという姿勢が求められるのであり、このようなリーダーはメンバーの1人1人に本気で気配りしているのである。

国分康孝『リーダーシップの心理学』講談社（1984）

3 良好な集団・組織の形成に向けて

近年の社会では、人間関係が希薄になったという指摘が実感として表面化してきており、ありとあらゆる場面で損得勘定を抜きにしては行動できない人もいるようである。しかしながら、本来私たちは他者との関係を上手に築きながら、集団や組織を形成し、日常生活や仕事、趣味に勤しんできたものである。そして、リーダーが発揮するリーダーシップによって、集団や組織の成果が上がりポジティブな雰囲気が作られ高い満足度が得られるなどの劇的な変化に至った事例は数えきれない（もちろん失敗例も多く、失敗例から学ぶべきことも多い）。これからもさまざまなリーダーシップ実践の結果から、私たち人間の相互関係について学ぶことになるのであろう。

- スポーツ選手がリーダーシップについて語った事例を1つ取り上げ、社会のどのようなことに置き換えて考えることができるか、考えてみよう。

- あなたは自動車販売店の販売部長である。あなたなら、どのような目標設定をして「販売業績を上げる」ことに取り組むだろうか。その際、どのような要因を考慮する必要があるだろうか。

著者紹介

澤村 博（さわむら ひろし）【編著】
日本大学名誉教授
（1章、12章、21章担当）

加藤 幸真（かとう ゆきまさ）【編著】
日本大学スポーツ科学部助教
（13章、19章、20章担当）

加藤 秀治（かとう しゅうじ）
佐野短期大学専任講師
（2章、5章担当）

今野 守（こんの まもる）
日本大学国際関係学部特任教授
（4章、10章担当）

佐藤 秀明（さとう ひであき）
日本大学法学部専任講師
（11章担当）

佐藤 佑介（さとう ゆうすけ）
日本大学商学部准教授
（14章、17章担当）

重城 哲（じゅうじょう あきら）
日本大学理工学部准教授
（15章、16章担当）

近藤 克之（こんどう かつゆき）【編著】
日本大学スポーツ科学部専任講師
（22章、23章、25章担当）

西川 大輔（にしかわ だいすけ）
日本大学スポーツ科学部教授
（3章担当）

村上 幸史（むらかみ ゆきふみ）
日本大学文理学部助教
（7章、18章担当）

森長 正樹（もりなが まさき）
日本大学スポーツ科学部教授
（8章、24章担当）

山内 健次（やまうち けんじ）
東京福祉大学短期大学部教授
（6章、9章担当）

（五十音順）

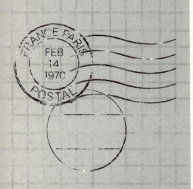

これからのレジャー・レクリエーション
──余暇社会に向けて　改訂3版

2012年5月28日　初版1刷発行
2016年4月27日　改訂3版第1刷発行

編著者　澤村　博／近藤　克之／加藤幸真
著　者　日本大学レジャー・レクリエーション研究会
発行者　鋤柄　禎
発行所　ポラーノ出版
　　　　〒195-0061　東京都町田市鶴川2-11-4-301
　　　　mail@polanopublishing.com
　　　　Tel 042-860-2075　Fax 042-860-2029
装　丁　宮部　浩司
印　刷　モリモト印刷

落丁本、乱丁本はお取替えいたします
定価はカバーに記載されています
© Hiroshi Sawamura et al.
Printed in Japan　ISBN978-4-908765-03-2　C0075